The Best way to make customers
fall in love with your shop,in the e-commerce age.

お客様をショップの虜にする！

# ネットショッピング時代の「顧客づくり」接客

日本コンサルタントグループ　編
新妻ノリ子　監修

日本コンサルタントグループ

# はじめに

**新しいショッピング**

　数年前から爆発的に普及しはじめたスマートフォン。日本でもいまではスマホを持っていること自体はごくあたりまえになりました。

　それに伴い、小売業をとりまく環境は一変した感があります。アパレルショップでもお客様がスマホ片手に商品を選ぶ光景が日常的に見られます。ショップで商品を手に取ったお客様は、ほかの店舗でもっと安く販売していないか検索したり、商品を写真にとって家族や友人と検討したり、SNSにショップの感想を投稿したりします。気に入ってご購入いただければいいのですが、ショップでは見るだけにとどめ、あとでネットで購入されてしまうこともままあります。

　かつてはショップでしか洋服を買うことはできませんでしたが、いまではネットで購入できてしまいます。遠隔地でも届けてもらえ、検索することでより安い方法で購入することができ、面倒なやり取りもないネットショッピングは人気を集め、拡大を続けています。

　小売業全般において、急拡大するネットショッピングに危機感をもち対抗する動きもみられました。ただ、今日ではネットに対抗するというより、ネットと共存してうまく活用しようという戦略をとる企業も増えてきたように思います。

そのような企業ではショップもネットも、たくさんある販売チャネルのひとつだと位置づけ、両方をうまく組み合わせて販売しています。

**人材難に見舞われるショップ**

　またショップでは人材の獲得が深刻な課題となっています。少子高齢化の影響のほか、日本経済全体の構造の変化に伴い社員の非正規化の流れが定着しています。非正規社員が店長を務める店舗もめずらしくありません。若い世代にとってアパレル業界の勤務条件は残念ながら良いとはいえず、苦労して獲得した人材が、接客の楽しさややりがいを見いだせないまま、短い期間で離職してしまうケースも見られます。

**お客様の求める接客品質を提供できているか**

　良い人材を獲得し、定着させて接客レベルを向上させることが難しくなった結果、接客品質の低下に悩む店舗も見受けられるようになりました。店舗数が増加するなか、経験の浅いスタッフやもともと接客担当ではない社員が店舗に配置されるケースもあるようです。

　経済環境の変化、技術の変化、少子高齢化という大きな変化がつぎつぎに訪れ、そのすべてに対応していくことは大変困難です。

　かといって接客品質が下がっていいと考えてはならないと思います。ショップを取り巻く環境の変化は、接客の方法にも影響を与えています。

　難しい環境に置かれているからこそ、できるだけ接客品質を高めていくために、ショップの現状とお客様が求める品質とのずれを認識しながら、接客全般の考え方を時代にあったものへ見直していく必要があると思います。

本書はこのような考えのもとに、ショップスタッフの皆さんにより接客を好きになってもらえるような接客の教科書として制作しました。
　過去の経験則が通用しなくなりつつある時代に対応して、だれもが気軽にネットショッピングを利用する今日、店舗でできるワンランク上の接客、今お客様が本当に求めている接客をまとめ、楽しく読んでいただけるように努めました。

**「接客の基本は身についたけれど、売上が伸び悩んでいる」「接客を経験の楽しさが見えず自分に向いていないと思っている」**といった、入店１～３年目のスタッフがぶつかりがちな壁を破るための考え方・ノウハウを集めています。

　接客の学習に王道はありません。ですが、お客様に本当に愛されるスタッフへ成長してゆくには、自分のショップとお客様を好きになり、またお客様にも好きになってもらえるようつねに工夫と努力を重ねることが必要です。そのためにはまず「接客を好きになるよう努力する前向きさ」が必要不可欠ではないでしょうか。
　この本を通じて、ひとりでも多くの方に「接客が好きになった」と思っていただけるならなにより嬉しく思います。

２０１６年１月
監修　新妻ノリ子

【本書の使い方】

- 第1章では「アパレル販売の動向」「接客の新しい考え方」を扱います。第2章では第1章の考え方に基づいた「接客のテクニック」を解説します。
- トピックの最後には、最低限覚えておきたい「POINT」を掲載しています。学習したPOINTには「CHECK」に印をつけておくと便利です。

# もくじ

- 2 はじめに
- 5 本書の使い方
- 6 もくじ

## 9 第1章　ネットショッピング時代の接客

<small>ネットショッピング時代の到来①</small>
- 10 変わるショッピングのかたち

<small>ネットショッピング時代の到来②</small>
- 12 お客様の変化

<small>ネットショッピング時代の到来③</small>
- 14 ファッション販売の変化

<small>ネットショッピング時代の到来④</small>
- 18 店舗の現状

<small>ネットショッピング時代の到来⑤</small>
- 20 変わるショップの役割

<small>ネットショッピング時代の到来⑥</small>
- 22 ネットショッピング時代の接客とは

<small>サービスとはなにか①</small>
- 24 サービスでお客様をハッピーにする

<small>サービスとはなにか②</small>
- 26 マナーは接客の絶対条件

<small>顧客づくりを考える①</small>
- 28 顧客の定義とメリット

<small>顧客づくりを考える②</small>
- 30 顧客満足ってなに?

<small>顧客づくりを考える③</small>
- 32 新しい時代の顧客満足

<small>顧客づくりを考える④</small>
- 34 顧客満足はまずスタッフから

<small>お客様心理を考える①</small>
- 36 購買心理の動き

<small>お客様心理を考える②</small>
- 38 衝動買いにも理由はある

<small>お客様心理を考える③</small>
- 40 ホンネをつかむ

<small>お客様を虜にする①</small>
- 42 顧客づくりとは

<small>お客様を虜にする②</small>
- 44 愛されスタッフになる

## 47　第2章　「顧客づくり」のテクニック

接客の流れ
48　「迎え入れ」から「お見送り」まで

迎え入れのポイント①
50　入りやすいお店をつくる

迎え入れのポイント②
52　接客は笑顔から

アプローチのポイント①
54　あいさつが印象を決める

アプローチのポイント②
56　アプローチにつなげる観察

アプローチのポイント③
60　まずは好印象を

アプローチのポイント④
62　NGサイン

商品説明・プレゼンテーションのポイント①
64　「聞」かずに「聴」く技術

商品説明・プレゼンテーションのポイント②
68　ショップを好きになる

商品説明・プレゼンテーションのポイント③
70　お客様を不快にさせない

商品説明・プレゼンテーションのポイント④
72　フィッティングでは正直に

商品説明・プレゼンテーションのポイント⑤
74　ハンディキャップ接客

クロージングのポイント①
76　決めゼリフを用意しよう

クロージングのポイント②
78　レジで信頼をなくさない

クロージングのポイント③
80　他店カードとの競争

お見送りのポイント①
82　お見送りは次回のはじまり

顧客づくりの接客①
84　お買上より好印象

顧客づくりの接客②
86　「3回ご来店」の壁をこえる

顧客づくりの接客③
88　優良顧客

顧客づくりの接客④
90　スタッフ全員の力で

顧客づくりの接客⑤
92　自分磨きの方法

ネット時代の接客①
96　プライバシーを考える

ネット時代の接客②
98　SNSを活用

ネット時代の接客③
100　ショップで活用するSNS

ネット時代の接客④
102　社会人とSNS

ネット時代の接客⑤
104　読みやすいブログ

106　おわりに

109　参考文献

第 1 章

# ネットショッピング時代の接客

The Best way to make customers
fall in love with your shop, in the e-commerce age.

ネットショッピング時代の到来

# 変わるショッピングのかたち

### スマホ時代の到来

　21世紀に入ってすでに15年が経過しました。

　電車の車内では、本や新聞を読む人に変わって「スマートフォン（スマホ）」を見る人が増え、連絡や待ち合わせの調整はメールやSNSを通じてやり取りするようになりました。

　日本でネットが普及し始めたのが1995年、スマホが発売されたのが2007年のことですから、ネットが普及しだしてから20年、スマホに至ってはまだ10年経っていないにもかかわらず、これだけの変化があったのです。

　ネットの利用状況だけ見れば、PCでのネット利用は急速に減り、代わってスマホの利用が急増しています。20代から30代に限れば9割がスマホを持ち、10代を含めても7割がスマホを利用するようになりました。所有状況だけで見るなら、すでにスマホは普及しきっているといえます。

　13歳から49歳までのうち、8割以上が毎日少なくとも1回はネットを利用しています。

　高速回線とスマホの普及により、自宅でも移動中でも変わらない環境でネットを利用できるようになったのです。

### ネットでのショッピングが当たり前に

　ネットの利用用途を見ると、「メール」に次いで「商品・サービスの購入・取引」があり、半分以上の人がネットで買物をしたことがあることになります。そして、ショッピングサイトにおける端末の利用状況を見ると、各社サイトによって違いはありますが、4割以上の人がスマホから買物をしています。

　自宅でも外出先でも、国内でも海外でも欲しいと思ったらネットで情報を仕入れ、気に入ればすぐに買える環境があり、それを日本人の4分の1

が利用している、それが今日の状況です。

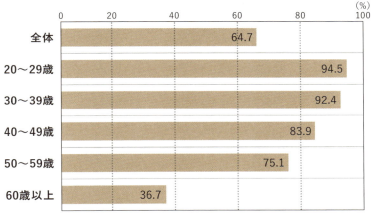

【スマホの保有状況】

| | (%) |
|---|---|
| 全体 | 64.7 |
| 20〜29歳 | 94.5 |
| 30〜39歳 | 92.4 |
| 40〜49歳 | 83.9 |
| 50〜59歳 | 75.1 |
| 60歳以上 | 36.7 |

総務省「平成26年通信利用動向調査」より作成

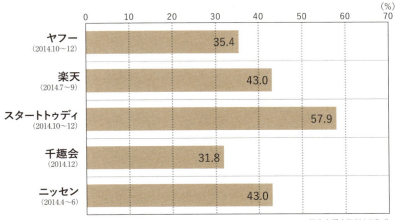

【売上に占めるスマホの割合】

| | (%) |
|---|---|
| ヤフー (2014.10〜12) | 35.4 |
| 楽天 (2014.7〜9) | 43.0 |
| スタートトゥデイ (2014.10〜12) | 57.9 |
| 千趣会 (2014.12) | 31.8 |
| ニッセン (2014.4〜6) | 43.0 |

経産省調査資料より作成

**POINT** 20〜30代の9割がスマホ所有
ネットショッピングの4割はスマホ経由

ネットショッピング時代の到来

# お客様の変化

## ファッションを取り巻く環境の変化

　スマホに限らず、お客様の行動も変化しています。

　自分らしさを追求する人々は流行を追わなくなってきています。その結果、あまり服を買い換えず、気に入った服を長く着るスローファッションの傾向が強まってます。

　反面、ファストファッションがすっかり定着し、ファッションに関心の高い層でもアクセサリーやトップスなど部分的に低価格なアイテムを取り入れることもよく見受けられます。

　SNSやゲームなどを通じて気軽に友人とゆるくつながれる時代となり、スマホの利用時間が増える一方、ファッションの情報収集や購入にあてる費用が減りつつあります。「クルマ離れ」「読書離れ」など「○○離れ」という表現がよく聞かれますが、若い世代の「ファッション離れ」もすでに起きていると言えるのではないでしょうか。

## ファッション購買行動の変化

　ネットが普及していなかった時代は、洋服が欲しければ実店舗まで行くしかありませんでした。また、情報源は雑誌やTVが主で、今日よりも情報を仕入れる労力が余計に必要でした。都市部在住者は通勤の行き帰りなど簡単に実店舗に立ち寄り買物ができますが、地方在住者は欲しい洋服が都市でしか手に入らず、情報収集と購入により労力がかかりました。

　ネットショッピングが普及した現在では、どこに住んでいても、欲しいと思ったら、一歩も動かずに購入することができます。

　情報収集もネットを使い、ECサイトを検索してそのままクレジットカード決済で購入。あとは指定の場所まで届けてくれるのを待つだけです。ECサイトによってはその日のうちに届けてくれるところすらありま

す。以前は「情報収集」から「購入」まで4ステップもあったのが、ネットショッピングではたった2ステップと、劇的に短縮されたのです。

情報をネット経由で仕入れることができるようになり、実店舗まで行かなくても、新作アイテムやカラーバリエーションを知ることができます。結果、実店舗に行く動機や必要性が減っています。

## コーディネートアプリの登場

洋服はショップで試着してから購入したいという方も多いですが、最近では「WEAR」や「iQON」といった大手ECサイトと連動したコーディネートアプリが登場しています。これらのアプリを活用すれば、実店舗に行かずとも、アプリ上でいろいろなコーディネートを試したり、投稿することができるようになりました。

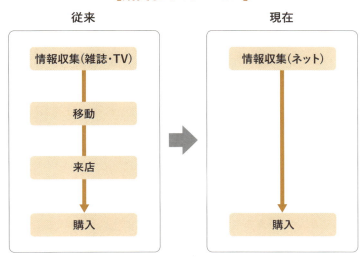

【購買までのプロセス】

POINT
ファッションにお金も時間も使わない人が増加
ネットショッピングはお金だけでなく時間も短縮

ネットショッピング時代の到来

# ファッション販売の変化

### 「オンライン」と「オフライン」

　情報通信技術の発達に伴って、ファッションの販売方法にも様々な変化があらわれています。実在の店舗と在庫を持ち、ショップスタッフが対面接客する従来のショップに加えて、印刷物のカタログを見て電話などで注文する通信販売、テレビショッピング、ECサイトから購入するネットショッピング、個人と個人でやり取りするネットオークションなど、商品を購入する方法はどんどん増えています。

### 増え続けるネットショッピング

　2014年、日本国内の消費者向け電子商取引市場規模は、12.8兆円（前年比14.6％増）まで拡大しました。

　ネットショッピングは、これまで「時間がない」「近くに店がない」「移動手段がない」などの理由で購買行動をあきらめていた子育てママや地方在住者に購入しやすい環境を提供し、あらたな顧客を掘り起こしているとも言えます。少子化により市場全体がゆるやかに縮小する中、ECサイトの売上が業界を牽引するようになっています。

### ショールーミング

　ネットショッピングが成長する一方、ショップで見た商品をオンラインで購入し、ショップがまるでショールームのように扱われてしまう傾向があります。これを**「ショールーミング」**もしくは**「ショールーム化」**と呼んでいます。

　大型家電や書籍の販売にショールーミングは大きな影響を与え、ECサイトを持たない街の小さな書店や電気店の苦戦が伝えられています。

第1章　ネットショッピング時代の接客

## 口コミの威力

　ネットショッピング最大の強みとも言えるのが「口コミ」です。購入ボタンのすぐ側に掲載される「商品レビュー」は、購入を迷っているお客様の判断材料として活用されています。

　こういったレビューは、実際に商品を購入した人の評価であるため、売るためであることが見え見えの広告よりも信頼感があります。

　また、TwitterやFacebookといったSNSが普及したことで、様々な口コミがあっと言うまに拡散します。友人や知人、有名人のオススメを参考に購入するケースも定着しています。

## オムニチャネル

　ショップスタッフからすると、ネットショップは最大のライバルだと長い間みなされてきました。特に自社ネットショップと実店舗が顧客を奪い合うことを「カニバリゼーション（共食い）」と呼び、好ましくないことと考えられてきました。

　一方、スマホの普及が決定的になった2014年ごろから「オムニチャネル」と言う言葉が注目を集めるようになりました。

【ショールーミング】
店舗では商品を見ただけで、ネットショップ経由で購入する事

15

「オムニ（omni）」とは、日本語で「すべて」と言う意味になります。現代は、お客様が実店舗、ECサイト、SNS、TV、新聞・雑誌、カタログなど様々な情報入手や購入の手段を持つ時代です。オムニチャネルとは、お客様がこれらのどの販売経路を経由しても購入行動を済ませることができる仕組みのことをいいます。具体的には、実店舗で見た商品をECサイトで注文、実店舗で受け取ることも可能で、ポイントがネットと実店舗共通で貯められる、といった仕組みです。

　もともと、「マルチチャネル」のように実店舗とECサイトの融合を図る戦略はありましたが、スマホやSNS、コーディネートアプリの普及により、実店舗とネットショップ、その他の販売ルートを分け隔てなしに連携させることが可能になりました。

　お客様から見れば、ネットであろうが実店舗であろうが、同じブランドの商品です。逆にポイントや各種のサービスを共通化しなければ、思わぬ不満を持たれかねません。もし実店舗で「メンバーズカードはECサイトと別だから住所や名前はもう一度書いてくれ」などと対応されればお客様は登録する気が失せてしまうでしょう。

## リアルもネットも

「リアルかネットか」ではなく、「リアルもネットも」併用する販売に向けて、販売方法を再編しようという動きが進んでいます。

自社ECサイトと実店舗の在庫情報を一元管理することで、店舗に在庫がなくてもECサイトへ誘導したり、近隣店舗へ案内したりすることができ、お客様の好感度アップにつながるでしょう。また、ショップスタッフがお客様と実際にやりとりした内容をECサイトへフィードバックし、ネット上での拡販に役立てることができます。

リアルとネット、それぞれの強みを活かしお客様に最も快適にショッピングを楽しんでいただけるブランドが、これから伸びていくことになるでしょう。

### 【マルチチャネル＆オムニチャネル】

**シングルチャネル**
実店舗だけで販売

**マルチチャネル**
実店舗と通販・ECサイトで販売

**オムニチャネル**
実店舗と通販・ECサイトで
ポイントや在庫の共通化を図るなど
シームレスに販売

---

**POINT** ショールーミングとオムニチャネルの影響で
「リアルもネットも」販売する戦略へ

ネットショッピング時代の到来

# 店舗の現状

### 高い接客レベルが求められる

　ネットショップと比較した実店舗最大の強みは「**接客**」です。
　ですが、年々高くなってゆく、お客様が求める接客レベルをクリアすることは簡単ではありません。好みも商品も多様化し、マニュアル的なサービスではお客様を惹き付けることが難しくなっています。

### 人手不足の慢性化

　今現在、人手不足を感じないショップのほうが少ないのではないでしょうか。人手は足りているというショップでも、経験豊富なスタッフがそろっているかといわれれば、自信があまりないのではないでしょうか。
　量だけでなく質の面でも人材の獲得、育成が難しくなっています。これはもちろん少子高齢化の影響ですが、ショッピングモールの増加も遠因のひとつと言えるでしょう。
　消費者ニーズの巨大な集積地である大型ショッピングモールは、近年全国で出店が続き、2014年には3,169か所にも達しました。(※)ひとつのショッピングモールには、平均して60前後のショップが入店しますので、必要なスタッフの人数も膨大です。
　出店計画に採用と育成が追いつかず、せっかく出店したあげく閉店せざるを得ない店舗も発生しています。
　人手不足は労働環境の悪化を招きますが、悪化した環境を嫌われさらに人手不足になる、という負のサイクルに陥りかねません。

### 見えないキャリアパス

　スタッフの雇用形態をパートやアルバイトなど非正規雇用に頼るケースも増え、非正規雇用のショップスタッフが自分のキャリアパスを計画する

ことが難しくなっています。

　これまで、ショップスタッフの一般的なキャリアパスとしては、「1年目：新人販売スタッフ」「3年目：チーフ／副店長」「7年目：店長／ストアマネージャー」「10年目以降：エリアマネージャーなど本社勤務」といったイメージが一般的だったと思います。

　ですが、昨今では店長クラスでも非正規雇用が見受けられます。若手スタッフとしては、どうやってキャリアを形成して良いかが見えづらくなっています。

　このような状況である限り、若手スタッフが「この先も厳しい状況が続く」と考え、より条件の良いショップや他の業界へ転職してしまうのはやむを得ないでしょう。

　せっかく接客の楽しさをわかってきたスタッフが離職してしまうと、いつまでたってもショップの接客レベルが向上しないままになります。

（※）日本ショッピングセンター協会調べ

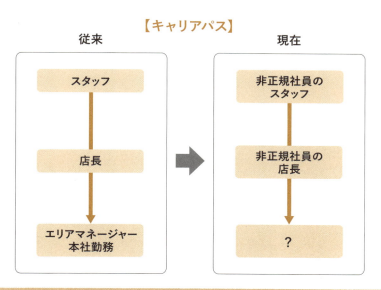

【キャリアパス】

**POINT**
スタッフに求められる能力が高度化
店舗数の増加、少子高齢化による人手不足が深刻

ネットショッピング時代の到来

# 変わるショップの役割

## ECサイトvs実店舗

実店舗はECサイトとの競争にさらされています。

### 1. 価格競争ではECサイトが有利

実店舗は人件費や家賃など固定費の負担が大きいですが、ECサイトはコスト面で有利です。

### 2. 品揃えと在庫数ではECサイトが有利

ECサイトでは商品をディスプレイする必要がありません。また、複数の倉庫に在庫確保したり、注文を受けてから調達する方法を駆使することで品揃えと在庫数では有利です。

### 3. 接客とスピードでは実店舗が有利

実店舗ではお客様の細かな要望にも応えられます。また在庫があれば商品を即時お渡しできます。これはECサイトにはできない実店舗の利点です。

## 売上規模で勝る実店舗

ファッション業界はECサイトが牽引していると述べてきましたが、市場全体におけるECサイトの売上規模は、2013年で8％、2020年でも14％程度と予想されています。専門店・モールでの販売は2020年でも5割以上を占めていますので、規模の面では実店舗が圧倒的に勝っており、今後もその状況が続くと予想されています。

ネットショッピングが台頭しても、実店舗がファッション販売の主流である事実はしばらくは揺らぎそうもありません。

## これからのショップの役割

ネットショッピング時代の実店舗はどのような役割を果たしていけばいいでしょうか。

### 1. ショールームとしての役割

サイズや手触りだけでなく、ブランドのコンセプト、雰囲気などを伝えるには実店舗のほうが有利です。実店舗にはブランドのファンを作るための基地としての役割が求められるでしょう。

オムニチャネル化が進めば、来店したお客様に対して無理に店舗で売らず、むしろ自社ECサイトへ積極的に誘導する、販売ネットワークの入り口としての役割も求められることが予想されます。

### 2. お客様窓口としての役割

多様なお客様の細かなニーズにお応えするにはやはり専門の接客スタッフの力が必要です。その際、まず必要なのはプロとしてお客様に適切なアドバイスを行い、ニーズを読みといて様々な商品を提案する能力です。

【ショップの役割】

POINT　実店舗の強みは接客にあり
　　　　ショップはショールームとしての役割が求められる

ネットショッピング時代の到来

# ネットショッピング時代の接客とは

### モノが売れない

　ファッション業界が厳しいといわれて久しいですが、今から20年ぐらい前は、服を売るのは今よりも容易だったかもしれません。
　現在は、客数も単価も下がっています。お客様は少ない予算を節約し、品質にもこだわり、納得できるまで情報を探してから来店されます。またせっかくご来店されても、すぐご購入いただけるわけではありません。ショールーミングのあと、ECサイトでご購入されることもあります。

### 接客を見直す

　ショップを取り巻くこのような難しい状況にも対応していかなければなりません。その際、これまでの接客方法や考え方も、より時代に合った、お客様のニーズに沿ったものへ積極的に変えてゆく必要があるのではないでしょうか。
　ショップスタッフはかつて人気の職業でしたが、現在は募集をかけても思うように採用できないショップが増えています。やっと獲得したスタッフも、賃金を始めとした待遇面で厳しくなっている以上、かつてのようなショップ運営ではすぐ離職してしまうこともありえます。その結果、接客レベルの低下を感じているショップもあります。

### ネットショッピング時代の接客

　「モノが売れない」「人手不足」「ECサイトとの競争」といった時代の接客とはどのようなものであるべきでしょうか。

#### 1. チーム接客

　「お客様はスタッフ個人のファン」という考えではなく、「**お客様は**

ショップのファン」という考えで、チーム接客を活用することで一定の接客品質を確保します。

## 2.「販売」から「好印象」へ

「ブランド全体の売上を上げることが接客の目標」と考え、その都度売りつけるような接客ではなく、ショップ&ブランドのファン・リピーターを増やすことを心がけ、自社ECサイトへも積極的に誘導します。

## 3. 楽しく長く働ける職場づくり

スタッフがお客様のために一所懸命接客するショップは、スタッフの職場に対する満足度が高く、やる気を持っていきいきと働いていると言われます。そのようなショップは、離職率が低く、接客品質も上がり、またリピーターのお客様も増えてゆきます。

お客様に良い接客をするには、まずショップの環境から見直してゆく必要があります。職場の空気はお客様にも伝わります。お客様もショップスタッフも自然に笑顔が浮かぶようなショップづくりを目指します。

【ネットショッピング時代の接客】

- チーム接客
- 「販売」から「好印象」へ
- 長く働ける職場環境

**POINT**　モノが売れない&競争が激しい時代
ブランド&ショップのファンづくりを目指そう!

サービスとはなにか

# サービスでお客様をハッピーにする

## 「接客」「サービス」とはなにか

　そもそも「接客」や「サービス」とはどういう意味なのでしょうか。

　辞書を引くと、「接客：客をもてなすこと」「サービス：1. 人のために力を尽くすこと。奉仕。2. 商売で、客をもてなすこと。また、顧客のためになされる種々の奉仕。3. 商売で、値引きしたり、おまけをつけたりすること。4. 運輸・通信・商業など、物質的財貨を生産する過程以外で機能する労働。用役。役務。」(『デジタル大辞泉』)とあります。

　接客とはサービスの一部であり、中でも特に商品や空間以外のサービスとして行う、スタッフによるお客様への「もてなし」が接客と考えられるでしょう。

## ファッション販売におけるサービスとは

　ファッション販売におけるサービスは、接客だけではありません。

### 1. 商品によるサービス

　お客様の心を動かす商品が、適切な時期に揃っている。

### 2. 空間によるサービス

　BGMや内装、ディスプレイや提案しているライフスタイルなどショップの環境でお客様の感性に訴える。お直しや配送、ノベルティのようなショップから提供され、お客様の役に立つ接客以外の仕組みも含まれる。

### 3. 接客によるサービス

　ニーズに応え購入までサポートするだけでなく、お客様に対してスタッフが心からもてなし、楽しいショッピングのお手伝いをする。

ファッション販売とは、これらのサービスを最大限に活用して、お客様をハッピーにする仕事です。

## サービスは目に見えない

良い接客・サービスを提供できなくても売上が上がる場合もあります。商品に価格競争力がある場合や、そのショップにしかない商品を扱っているといった場合です。

もし仮に商品のデメリットを隠して販売すれば、一時的には売上が上がるかもしれません。ただお客様を騙して売るような方法では、お客様から信頼を得られるはずもなく、遅かれ早かれ苦況に陥るでしょう。

ショップから見ると、売上が上がっていれば接客・サービスも評価されていると判断しがちですが、実際はサービスを評価されていないというケースも起こり得ます。お客様の求める接客とショップの認識がずれている状態です。

サービスとは「形がなく、目に見えず、触れられない」ものです。サービスの満足度は評価が難しく、常に注意しておく必要があります。

### 【ショップのサービス】

心を動かす商品を
季節に合わせて
十分そろえている

BGM、
ディスプレイなど
お客様の感性に
訴える空間

スタッフがお客様の
ニーズに応え心からもてなし、
快適なショッピングをサポート

**POINT**　接客とはお客様への「もてなし」
サービス品質は評価しづらく売上重視になりがち

サービスとはなにか

# マナーは接客の絶対条件

## サービスの前に

　お客様をハッピーにするには、サービス内容や接客の技術うんぬんの前に、まず心を込めて接することが必要です。

　心を込めて接するための言葉に「5つのS」があります。
- Smile（笑顔で）
- Smooth（さり気なく）
- Sincerity（誠実に）
- Smart（身だしなみを整え）
- Sensibility（細心の注意を払って）

　この「5つのS」のさらにその前に最低限実行しなければならないことがあります。それが、「マナー」です。

　マナーとは「お客様を不快にさせないために守らなければいけないこと」です。時代の移り変わりとともに人々の価値観も変わります。価値観はお国柄や経済状況にも左右されます。ただ最低限必要なマナーは不変です。

　マナーとは「守らないと不快になるお客様が非常に多い」ものでもあります。満足の前に不快感を与えてしまっては、せっかくのサービスも目減りしてしまうでしょう。

## マナー違反

　では、接客におけるマナー違反にはどのようなものがあるのでしょうか。
- あいさつがなかった
- スタッフを呼んだのに無視された
- 商品や店内、スタッフの服装が汚れている
- 愛想がなく無表情
- 言葉遣いが乱暴

どれも基本的なことですが、接客に関するショップへのクレームでかなりの割合を占めるものばかりです。

マナー違反は「本人はやっているつもりがない」ことが多いもので、悪意やサボる気持ちがないまま、ついついやってしまっているものです。それでもお客様が不快に感じたらそれがショップとスタッフへの評価になってしまいます。マナーに関する指導は必ず守るようにしましょう。

お客様が不快になることは、同僚スタッフも不快に思うものです。居心地の良い職場づくりのためにも、誰に対してもマナーを守りましょう。

### マナーは守ることが大前提

それでは、マナーを守り先輩の指導に沿って接客すれば、サービスができるのでしょうか。それでは不快感を与えないだけで、接客という「お客様をもてなす行為」にはなりません。できていて当たり前のことだからです。

マナーを守り「5つのS」を実行したうえ、ショッピングを楽しんでいただけるようお客様を心からもてなすことで、お客様はショップとスタッフ両方に好感を持っていくものです。まずは最低限守るべきことを徹底しましょう。

### 【マナーとサービス】

| マナー | 5つのS | サービス |
|---|---|---|
| 相手に<br>不快感をあたえない<br>最低限の行為<br><br>できていて<br>当たり前の<br>共通ルール | 必要な心がけ<br><br>Smile（笑顔で）<br>Smooth（さり気なく）<br>Sincerity（誠実に）<br>Smart（みだしなみを整え）<br>Sensibility（細心の注意を払って） | お客様が<br>うれしいと感じる行為<br><br>価値観・<br>生活スタイルなどによって<br>人それぞれ違う |

**POINT**
マナーは接客の絶対条件
できているつもりでももう一度点検しよう

顧客づくりを考える

# 顧客の定義とメリット

### お客様を「顧客」にする

　繰り返し来店し、定期的に購入して下さる特別なお客様のことを、この本では特に「**顧客**」と呼びたいと思います。

　顧客をつくるには、お客様の期待を超える接客が求められますが、「お客様の期待値」は年々上がっていますので、期待を超える接客は難しいことではあります。

　顧客を多く持つショップを目指すには、スタッフが接客スキルの向上をこころがける必要があるのはもちろん、様々な販促計画を実行することや、他店にはない魅力づくりも必要になってきます。

### 「顧客づくり」のメリット

　顧客づくりにはさまざまなメリットがあります。

### 1. 安定した売上が見込める

　目先の売上だけでなくショップ＆ブランドの好感度を高めることが最優先ですが、売上の安定は経営の安定とスタッフが安心して働ける職場づくりに必要です。

### 2. 顧客はスタッフを育てる

　顧客はショップへの信頼があり、スタッフにとってお買上につなげやすい存在です。スタッフが成長するには売る喜びを知ることが必要ですが、顧客の多いショップはスタッフにとって接客の成功体験を積みやすい環境だといえます。

## 3. 顧客は顧客を呼ぶ

　「お気に入りのショップで新作バッグ買っちゃった！」といった内容を顧客がSNSへ投稿すると口コミの拡散が期待できます。

　また、ショップにお客様がいらっしゃるだけで、他のお客様が入店しやすくなります。滞留時間が長い顧客の存在は来店数を増やす効果が期待できます。

### 顧客を持てるかどうかは新人スタッフの壁

　マナーや基本的な接客が身についたものの、思ったように売上が伸びないことを理由にスタッフが離職してしまうケースがあります。入店して1～3年程度経過したスタッフに多いようです。

　丁寧に接客していても、マニュアル的な対応をしていると顧客は増えてゆきません。逆に、ただマニュアル通りにこなすのではなく、楽しんで接客しているスタッフは自然と顧客をつくり、お客様から愛されるスタッフに育っていくものです。基本が身についたスタッフの皆さんにはぜひ顧客をつくることを意識してもらいたいと思います。

【新人スタッフの悩み】

一通りの仕事はこなせるが
買上に結びつけられない
お客様とのコミュニケーションが不安
接客が楽しく感じられない

→ 顧客づくりを目標に
目先の売上よりも
高感度接客を心がける

POINT　「顧客」はショップ＆ブランドのファン
　　　　新人スタッフは顧客づくりを目標に！

顧客づくりを考える

# 顧客満足ってなに？

### 顧客満足の意味

　接客を仕事にしている人が「**顧客満足**」という言葉を耳にしたことがない、ということはまずないのではないでしょうか。しかし、よく耳にする言葉であるにもかかわらず、いまいち具体的なイメージがわかない言葉でもあるように思います。また、はっきり「顧客満足を実現した」と言い切れるようなケースをショップスタッフが目にする機会も実は少ないのではないでしょうか。

　簡単に言ってしまえば、お客様が満足すればそれで顧客満足を実現したといって良いと思います。ですが、サービスの質が目に見えず評価が難しかったように、お客様の心を測定する方法はなく、満足度も目に見えない、評価のしづらいものです。

### 顧客満足度の公式

　お客様がどれぐらいサービスに満足しているのか具体的な数値を見ることはできなくても、お客様がどのようにショップを評価するかを考え、できるだけ評価されるサービス・接客を提供するように努力することは必要です。

　お客様がお会計をした後には、「いい買物をした」「値段の割に質が悪い」「思ったより安くてラッキー」というようにショップに対してさまざまな感想をもっています。この感想がすなわち「**顧客満足度**」です。

　顧客満足度はつぎの式で説明されます。

$$顧客満足度＝顧客の感じた価値－事前の期待値$$

　この式はどんなことを表しているでしょうか。

たとえば、お客様の期待通りのサービスを提供したとします。すると「顧客の感じた価値」と「事前の期待値」は同じとなり、顧客満足度はゼロということになってしまいます。

お客様の事前期待値を下げることは困難ですから、顧客満足度を高めるにはお客様の期待するサービス水準を超える工夫が必要になります。

お客様は、「商品の質」「接客」「ショップの雰囲気」「価格」といった点を必ず見ていらっしゃいます。これが事前にお客様が期待していた水準を上回っていれば、お客様は満足してお帰りになります。ですが、期待する水準通りのサービスの場合はお客様に満足していただくことができません。水準を下回っていれば、お客様は不満を抱えてお帰りになります。

できるだけお客様の立場や目線にあわせて、ショップと自分のサービス・接客がお客様の期待を上回っていたかどうか、常にふりかえって考える必要があります。

### クレームはチャンス

心をこめて接客していても、ご満足いただけずクレームになってしまうこともあります。ただ、クレーム時はある意味「事前の期待値」が低い状態だと考えられますので、逆に真摯にクレーム対応することで、期待を上回るサービスを提供するチャンスでもあります。

【お客様満足度】

顧客満足度 Customer Satisfaction ＝ 顧客の感じた価値 Product Evaluation － 事前の期待値 Customer Expectation

**POINT** お客様が満足しているかどうかは見えづらい
顧客満足度は品質・接客・清潔感・雰囲気と価格の比較

顧客づくりを考える

# 新しい時代の顧客満足

## 「期待」を知ること

　顧客満足度を向上させるにはどうしたら良いでしょうか。

　お客様は期待を上回るサービスを受けた時に満足します。それゆえお客様の「期待」がどういうものかわかれば、上回る方法も見えてきます。

　たとえば、ジャケットを探しているお客様がいたとします。お客様の言葉通りに色やデザイン、素材違いのジャケットを何パターンかお出しするだけでは「期待通りの接客」です。

　よくお話を伺ってみるとお子様の入学式用であることが分かりました。また会話の内容やお客様の雰囲気から、有職でジャケットを着る機会が多そうです。

　そこで、お客様がお持ちのジャケットを伺い、入学式でも着られるフォーマルなワンピースをジャケットにあわせてご提案します。お客様にとって予想外のコーディネートになりますが、普段のジャケットに新しい着回しが増え、晴れの日に華やかな服装ができるので、希望通りの商品よりも喜んでいただけるかもしれません。

　このように進めば「期待を上回る接客」になります。お客様の「期待」を把握する必要性はこれでご理解いただけるでしょう。

## ショップとつながる

　ネットショッピングが普及した現在でも、センスのいい空間でのショッピングと、プロのスタッフによる行き届いた接客はショップにしかできないサービスです。

　現代人は自分らしさへのこだわりが強く、自分のスタイル、自分のペースでのショッピングを好む傾向があります。一見、ショップで接客を受けるのを嫌がる人が多いようにも感じるかもしれません。

ただ一方、接客の良いショップには相変わらずお客様がご来店されます。

「個の確立」「自分らしさの追求」を求められる今日、お客様は人とのつながりが希薄なまま新しいタイプの孤独を感じているとも考えられます。毎日SNSを通じて誰かとつながっていたいという感覚の裏側には、寂しさが透けて見えるようです。

技術の進んだ現代、一見ショップはいらないように考えてしまうかもしれませんが、お客様はやはりショップであれこれ質問したり、気の合うスタッフと友人になったり、「良くお似合いですね！」とほめられながらショッピングをしたいと考えているのではないかと思います。

お客様が「ショップで買うよりもネットのほうが良い」とおっしゃるのであれば、それはショップの接客・サービスの質が低いと感じていらっしゃるからではないでしょうか。

自分のセンスや知識に自信がないお客様も当然いらっしゃいます。「今年の流行も良く分からないけど、あまり浮かない程度には押さえておきたいな」「おしゃれなんて面倒だけど、みっともない格好はしたくない」といったお客様のホンネを探り、期待を上回る接客・サービスを提供することで、クールな現代人の心もきっと動かすことができるでしょう。そのためにスタッフは知識と経験を積み重ねてゆくべきです。

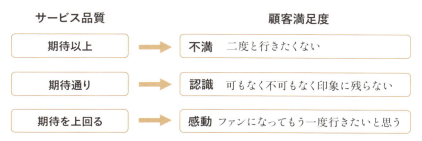

【期待を上回る】

| サービス品質 | | 顧客満足度 |
|---|---|---|
| 期待以上 | → | 不満　二度と行きたくない |
| 期待通り | → | 認識　可もなく不可もなく印象に残らない |
| 期待を上回る | → | 感動　ファンになってもう一度行きたいと思う |

**POINT** 期待を上回るにはまず知ること
お客様はネットにないサービスを求めている

顧客づくりを考える

# 顧客満足はまずスタッフから

### お客様のニーズに対応するために

　ライフスタイルの変化や技術革新により、お客様のニーズは日々変化しています。また現代のお客様はそれぞれ異なった価値観をもち、求めるサービスも人それぞれです。「良いものをより安く」というお客様もいれば、「快適な時間を過ごす」ことを重視するお客様もいらっしゃいます。

　そのような一人ひとり異なるお客様の心を動かしショップ＆ブランドのファンになっていただくには、スタッフの接客品質を向上させることが必要です。お客様の表情や仕草、言葉づかいから、お客様のお困りやニーズを読み取り対応できるスタッフこそ、今求められている人材です。

### スタッフ満足度

　接客品質を向上させるにはどうすれば良いでしょうか？

　心からお客様を歓迎しもてなす接客を提供するには、「やりがい」と「良い意味でのプライド」を持ったスタッフを揃えることを目指すべきですが、まずはスタッフを定着させることから始める必要があります。

　スタッフの満足度を高めることで、スタッフが定着し接客品質を高めることができます。それによって顧客満足度も向上することができます。

　スタッフ満足度の要素にはつぎのものがあります。

### 1. 評価される職場

　人は、誰かにほめられたり評価されることで自信を持ち成長するものです。スタッフが公平に評価される職場は、成長できる働き甲斐のある職場です。そういうショップでは自然にスタッフが定着し、接客品質も良くなっていくものです。

## 2. 労働環境

給料や福利厚生といった待遇面に加えて、スタッフ間のコミュニケーションや人間関係が良い職場にはスタッフが定着します。ショップ＆ブランド全体でできるだけ良い労働環境を整える必要があります。

## 3. 社会的地位

人気ブランドではスタッフが良い意味で誇りを持って働くことができます。

接客は難しい仕事で、接客のプロとして認められる人は海外でも高く評価されます。異業種でも接客経験を活かして活躍する人も多くいます。プロとしての誇りを持たせるような環境や指導がスタッフの満足感を高めます。

### 循環する満足

スタッフ満足度の高いショップにすることでお客様からの評価も高まるという、好循環を作ることが大切です。

スタッフ満足度の高い職場は離職率が下がり、接客品質の高いスタッフが定着します。するとショップ全体の接客品質が上がり、顧客満足度も高まります。そうするとブランド全体の評価もさらに高まってゆきます。

【顧客満足とスタッフ満足】

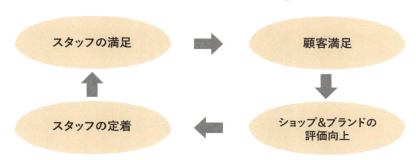

**POINT** 顧客満足は従業員満足から
良い環境のショップ＆ブランドは評価が高まる

お客様心理を考える

# 購買心理の動き

### お客様は受け身である

　日本人のお客様は、消極的で受け身のタイプが多いといわれています。そのため店頭でクレームをいただくことや細かく注文をつけられることは少ないですが、必ずしも満足なさっているとは限りません。クレームにならずとも失望した点があれば二度とご来店いただけません。
　「顧客満足」と同時に「**顧客不満足**」も合わせて考える必要があります。顧客不満足を察することができれば、顧客満足を実現する大きな武器になります。

### お客様の購買心理

　ショップスタッフにはお客様の心理を察することが求められます。では、お客様はショッピングの時どのような心理にあるのでしょうか。
　広告の理論に「AIDMAの法則」(※)というものがあります。これはお客様が商品を購入するまでの心理を5つの段階に分けたものです。ショップスタッフがお客様の心理を察するのに参考になると思います。

- Attention（注意）
  ショッピングモールを歩いていて、店頭にディスプレイされているバッグが視界に入りました。
- Interest（興味・関心）
  その商品は、同僚が先日購入して使いやすいと話していたバッグに似ていました。
- Desire（欲求）
  実際にショップに入ってそのバッグを手に取ってみます。

- Memory（記憶）

  そのバッグのことが記憶にのこり、何度も思い出されます。
- Action（行動）

  商品を購入します。

### お客様の好みとショップの品揃え

　お客様は自分の好みにあったショップにご来店されます。ショップの特長をはっきりと打ち出すことは、より購入していただけそうなお客様のご来店を増やす効果があります。ショップの個性や特徴をどのようにつくり、アピールするかは競争が激しい現在、ショップの浮沈を左右します。

　ショップ＆ブランドでは、ご来店いただきたいお客様（「イメージ客」）と実際に商品を購入してくれるお客様（「中心客」）を設定しています。スタッフは、たくさんご来店なさるお客様の中でも、特に「イメージ客」「中心客」を見分け、より積極的にアプローチしてゆくことが求められます。

　　　　　　　　　（※）ネット購入のモデルとして「AISASの法則」もあります。

【AIDMAの法則】

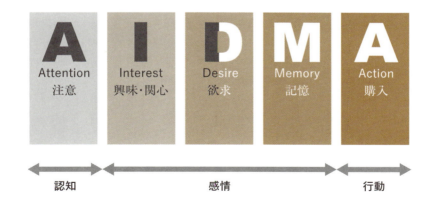

POINT　顧客満足度を察する
　　　　「イメージ客」「中心客」を理解する

お客様心理を考える

# 衝動買いにも理由はある

### マーケティング

　モノをつくれば売れるのであれば、売るための工夫や戦略は必要ありませんが、そのような時代は既に過去のものとなりました。商品を売り続けるためにはお客様のニーズを探り、様々な仕掛けや戦略を考えなくては、売上という結果が伴わなくなっています。この仕掛けや戦略こそが「**マーケティング**」と呼ばれているものです。

　マーケティングは通常3つのプロセスで計画・実施されます。

### 1. 市場機会の分析
　どのようなお客様をターゲットにするべきかを分析する。

### 2. ターゲット市場の選定
　1の分析にもとづいてターゲットとなるお客様を決定し、その層に訴えかける一貫した「(ブランド・ショップ) らしさ」を決める。

### 3. マーケティングミックス
　1と2に沿って宣伝や販売の具体的な展開を考える。

### したいから買物する

　お客様心理やマーケティングについて簡単に解説しましたが、皆さんは自分に当てはまると思いましたか？　「必要だから買うだけ」「そんな理屈っぽく買物なんてしない」と思った人もいるはずです。会社勤めの独身女性で衝動買いをしたことがない、という人はかなり少数派になるでしょうし、女性は買物に対して、「商品を手に入れる」以外の満足感を求めて行動することが多いと感じます。

## 衝動買いの定義と心理

　買うつもりがなかったのについ買ってしまうのが衝動買いですが、買ってしまった理由は「ひとめぼれ」「自分へのごほうび」「むしゃくしゃしてたから」「ハイテンションの勢い」というように様々な理由がついています。ストレス解消や、逆に機嫌が良すぎるときなど、精神的に落ち着いていない状態の時に衝動買いしてしまいますが、人は衝動買いするときでも何かしら「**買う理由**」を必要とする生き物です。

　購入を検討しているお客様にショップスタッフが適切なサポートをすることで、こういった買う理由をあたえ、購入を後押しすることができます。

　タイムセールは、「時間的制約」「値ごろ感」を見せて買う理由づけを行い購入を後押しする方法のひとつです。接客の工夫しだいで、お客様にもっと気分よくショッピングしていただくことができます。

【マーケティング】

| 市場機会の分析<br>（3C） | ターゲット市場の選定 | マーケティングミックス<br>（4P） |
|---|---|---|
| **C**onsumer　消費者<br>**C**onpetitor　競争相手<br>**C**ompany　企業 | Target　ターゲット<br>Concept　コンセプト<br>Identity　アイデンティティ | **P**roduct　製品/商品政策<br>**P**rice　価格/価格政策<br>**P**lace　販売/販売政策<br>**P**romotion　情報発信/プロモーション政策 |

**POINT**　マーケティング戦略、ターゲットを理解しよう！
　　　　　「買う理由」を演出する

## お客様心理を考える ③
# ホンネをつかむ

### 「期待」を明確に

　お客様の期待を上回る接客をするためにまず、お客様の「期待」がどういうものか知ることが大切だと、これまで述べてきました。しかし、お客様自身が自分の期待がどういうものかはっきりとした形で把握していないという場合もしばしばあります。

　スタッフには、お客様のぼんやりした期待を明確な形にまとめていくことが求められます。

### 会話を通じて想像させる

　例えば、白いブラウスが欲しいというお客様がご来店なさったとします。そのお客様は、子どもの入学式に黒いスーツを着ていくので、インナーに着るブラウスを探していました。スタッフと会話しながら探した結果、最後にはベージュのスーツと白のカットソーをご購入なさいました。どうしてこのようなことになったのでしょうか。

　スタッフは、子どもの入学式に着るスーツについて、トレンドや着回し方法について丁寧に説明し、小物や子どものワンピースと合わせたコーディネートのバリエーションを紹介していました。

　それにより、お客様は、黒いスーツは春の入学式には色が重いことに気がついたのです。そして、セットアップでも明るく着ることができ、インナーを変えることで、流行やシーンに合わせて着回しやすいベージュのスーツを新調し、それに合うカットソーを購入したのです。

　お客様は、当初「手持ちの黒のスーツを活用したい」と考えてブラウスを買うことを考えていましたが、「記念写真に残るので、オシャレな服が着たい」「入学式だけに着るなら新しく買うのはもったいないけれど、他でも着回せるなら新調してもいい」「ベージュのスーツなら仕事着として

も使える。普段のコーディネートの幅が広がるし、キャリア感もあって長く着られる」というように、会話を通じて何を買えばいいかがまとまってきたのです。

お客様が本当に望んでいるものが何かに気づいてもらうには、購入動機となっている場面を想像してもらうことが重要です。この場合なら、入学式に出席することに加えて、記念写真を撮る場面や会社に着てゆく場面もイメージしてもらう必要があります。

### 一人ひとりを大事にした接客

毎日たくさんのお客様がいろいろなニーズを抱えて来店する中、どれだけそのお客様に合わられるかで、期待を上回る接客ができるかどうかが決まります。お客様を「たくさんいるお客様のひとり」ではなく「私のお客様の〇〇様」と認識できるようになることで、よりお客様に合わせた接客ができるようになります。

お客様それぞれのニーズをよりお客様の立場に沿って考え、会話できるようになれば、お客様から見て「親身になってくれるスタッフ」と感じるようになります。

【ホンネをつかむ】
本当のニーズを探ってぴったりの提案をする

黒いスーツ
白いブラウス

→

ニーズは
入学式用のスーツ

「ベージュのスーツ 白のインナーの方が季節に合っていて明るく見えますよ」

**POINT**
はっきりしない「期待」を明確にする
お客様一人ひとりを大事にした接客を

お客様を虜にする

# 顧客づくりとは

## 顧客づくりの接客に必要なこと

これまで、ファッション販売を取り巻く現在の状況と、接客とは何か、お客様は何を求めているのか、ということの考え方を取り上げてきました。

それでは、現代のファッション販売に必要な、「顧客づくり」のための接客とはどのようなものなのでしょうか。

顧客づくりとは、個別のお客様と長期にわたる強い信頼関係を築くことです。そのために一人ひとりのお客様を大切にして、親密なコミュニケーションを図ります。特に次の点は心がけておきましょう。

### 1. ショップ＆ブランドの好感度アップ

ショップの印象を良くすることは、長期的にみればショップ＆ブランド全体の利益になります。接客・サービスに好印象を持ったお客様は、そのことを知人に話したりSNSに投稿してくれるかもしれません。

「ショップはブランドの一員」という意識をもち、売上よりお客様の満足度を重視した接客をすることで、その時にはご購入に至らなくても、自社ECサイトや次回ご来店時にご購入いただけると考えます。

### 2. リピーターや顧客づくりを重視

一見（いちげん）のお客様にその都度販売することも重要ですが、なかなかモノが売れない今日では限界があると考え、ショップのファン、リピーターや顧客を増やすことを重視します。

そのためには、お客様一人ひとりの細かなニーズに対応する高い接客スキルが必要になります。またそれこそがお客様がネットショップでなくわざわざ実店舗にご来店される理由でもあります。

前回のご購入は満足のいくものだったか、お客様のライフスタイルやラ

イフステージに変化はないか、今の関心はなにかといった、お客様の変化にまで心を配れるような、親密な信頼関係をつくることができれば、そのお客様はまさにあなたの「ファン」だと言えるでしょう。

　ファンになっていただけたお客様は、何度もご購入なさるだけでなく、ご友人をご紹介いただいたり、商品を周囲におススメしていただけたりする、とてもありがたい存在です。こういったお客様は少々の価格差や流行の移り変わりがあっても、そう簡単に離れていかないのです。

## 3. 期待を上回る接客

　お客様をショップ＆スタッフの「ファン」にするには、お客様が感動するような、期待を上回る高い品質の接客・サービスが必要です。

　そのためショップスタッフはお客様に「あのスタッフさんにまた会いたい」と思わせるような、人間的な魅力も身につける必要があるでしょう。

　知識や技術だけでなく、誠実さや個性も含めた人間全体が問われることが、接客の最大の面白さです。毎日自分を磨き、スタッフとして成長していってほしいと思います。

【顧客をつくるスタッフ】

**お客様をファンにできるスタッフ**
- 人間的な魅力
- ニーズをとらえる技術
- 商品知識
- 信頼される誠実な対応

**POINT**
ショップの好感度を最優先
お客様が感動する接客を目指そう

お客様を虜にする

# 愛されスタッフになる

**接客で成長する**

　皆さんはきっと、お客様として訪れた他のショップで不愉快な思いをした経験があるのではないでしょうか。その時皆さんはどうしていますか。自分がなぜ不愉快に感じたのか考えてみるようにしていますか？

　接客はお客様にご満足いただくことが目標です。そのためには「自分の接客はお客様にご満足いただけているだろうか」とつねに振り返り、自分を磨いて成長していく必要があると思います。

　自分を成長させようと前向きに努力している人には、内面からの輝きが感じられ、より美しく見えるものです。そんなスタッフにお客様は人間的な魅力を感じ、きっとファンになってくれるでしょう。

　ショップスタッフという仕事に誇りをもち、より魅力的な接客を提供できるようになるために、つぎの3つの要素を向上させていきましょう。

**1. 心**

　心が伴わない接客ではどんなに技術があってもお客様の心を動かすことはできません。逆にたとえ技術がなくとも、真心のこもったもてなしはお客様に必ず喜んでいただけるものです。

　そうした真心、いわば「**もてなしの心**」は、どうしたらお客様に喜んでもらえるのか自発的に考える姿勢にあらわれます。思うだけでなくすぐに行動することが必要です。

　お客様が今なにをお望みなのか、お困りごとはないか、お求めの商品はなぜ必要なのか、こうした細かな気持ちをお客様の態度や言葉のはしばしから感じ取れるよう、注意深く対応することが必要です。人が人をもてなす仕事だからこそ、心は接客における最も重要な要素なのです。

## 2. 技術

お客様を接客するうえで必要な知識や技術があります。あいさつや言葉づかい、商品のたたみ方や包み方といった技術や、服の素材や種類に関する知識、商品が生まれた歴史やブランドコンセプト、コーディネートといったセンスが問われるものまで、スタッフは幅広い知識と専門技術を身につける必要があります。これは一朝一夕に身につくものではありませんから、日々意識して努力する必要があると思います。

## 3. 振る舞い

スタッフは、ショップに雇用されお給料をもらっている社会人です。お客様だけでなくショップ＆ブランドの仲間や先輩、上司も社会人としての振る舞いを期待しています。お客様に見えないところでもいつも明るくさわやかに振る舞い、同僚にも好印象をあたえるスタッフを意識しましょう。

お客様はスタッフに、誠実な社会人としての対応を期待しています。明るく元気なあいさつ、清潔で整った身だしなみ、丁寧な言葉づかい、美しい所作、キレのある動きといった「感じのよい人」「信頼できる人」と評価される行動を身につけ、お客様も同僚も魅了する魅力的なスタッフを目指しましょう。

### 【魅力的なスタッフ】

| 心 | 技術 | 振る舞い |
|---|---|---|
| お客様に喜んでもらいたい「もてなしの心」 | プロにふさわしい知識と技術をもつ | 社会人として必要な誠実な対応＆洗練された美しいしぐさ |

**魅力的なスタッフの3つの要素**

---

**POINT**　接客の魅力は「自分が成長する」こと
　　　　　自分を磨いている人は美しい

第 2 章

# 「顧客づくり」のテクニック

How to make your customers fall in love
with your shop.

接客の流れ

# 「迎え入れ」から「お見送り」まで

### 流れを再確認

　初めてご来店なさったお客様に「**リピーター**」、そして定期的にお買い上げいただける「**顧客**」になっていただくために、具体的にどんなことを取り組んでいけば良いでしょうか。

　販売のポイントを具体的に見てゆく前に、まずは接客の流れ全体を再確認しておきましょう。接客は大きく5つのステップに分けられます。

### 1. 迎え入れ

　お客様のご来店を待っている状態です。できるだけお客様にとって入りやすいショップを心がけ、いつご来店されても大丈夫なように常に用意しておきます。つぎの点には特に注意しておきましょう。

- スタッフの身支度
- ショップの清掃
- 商品の補充やディスプレイの確認

### 2. アプローチ

　お客様に対して接客を提供するため声をおかけします。アプローチはタイミングや言葉づかいが難しく、無理なタイミングで声をかけてお客様を不愉快な気持ちにさせてしまうことも多く、気をつけたいところです。

　お客様のしぐさや行動を観察し、お客様本位で声掛けしましょう。

### 3. 商品説明・プレゼンテーション

　商品のくわしい情報をご説明したり、よりニーズに合った商品をご提案したりします。フィッティングのお手伝いも重要です。

質問を重ねてお客様が求めている商品をはっきりさせ、ニーズにそった提案することが重要です。スタッフの腕の見せ所です。

## 4. レジ対応

お会計し、商品を包装します。メンバーズカードやセールのご案内にはうってつけのタイミングでもあります。最後まで気持ちの良い接客を心がけましょう。

## 5. お見送り

お会計後、お帰りになるお客様をお見送りします。

お見送りは自己紹介できる最後のチャンスです。ぜひ積極的に自分をアピールしましょう。

### 【接客の5つのプロセス】

| | |
|---|---|
| 迎え入れ | 準備　待機 |
| アプローチ | あいさつ　お客様への声かけ |
| 商品説明・プレゼンテーション | カウンセリング　セールストーク<br>フィッティング |
| レジ対応 | お会計　お包み<br>メンバーズカードへの勧誘 |
| お見送り | スタッフ自身のアピール |

**POINT**　接客の流れ全体を再度確認する
お客様本位の接客を

迎え入れのポイント

# 入りやすいお店をつくる

**開店準備から接客は始まっている**

　なんとなくぶらっと入ってみたというお客様も、ショップを気に入れば再来店し、いずれ購入していただけるかもしれません。ショップを常に入りやすく魅力的な状態にキープすることは、接客・サービスの第一歩です。

### 1. 清掃

　ショップの第一印象は清潔さで決まるといってもいいでしょう。床や棚の上、鏡やショーケースなどの什器に汚れはないかチェックし、ガラスは通路側からも忘れずに磨いておきます。

　フィッティングルームを常に清潔にキープしていればお客様も汚さないように注意してご利用されます。バックヤードの清掃やショップの前の路上（通路）も忘れずに清掃しましょう。

### 2. 整理整頓

　ディスプレイやPOPをチェックします。また商品の欠けがないか、スポットライトの位置や光量が適切か、電球が切れていないかを確認しましょう。ハンガーラックの商品を掛け過ぎていたり歯抜けがあったりすると、店の印象がだらしないものになります。お包みの間に見られても恥ずかしくないようレジカウンターの周りも整理整頓しておきましょう。

### 3. 身だしなみ

　明るく清潔感のある髪型やメイクができているでしょうか。石のついた指輪や長い爪、ネイルデコは織り糸に引っ掛けて商品に傷を付けるおそれがあり、勤務中は避けたほうが良いでしょう。

　香水や芳香性の柔軟剤は嫌うお客様もいらっしゃいます。ショップに確

認してつけるか、ほのかな香り程度にとどめましょう。

### 4. 服装

　スタッフの服装はいわば歩くマネキンです。できるだけショップのアイテムを取り入れ、ブランドのコンセプトやターゲットのお客様にあった雰囲気でまとめましょう。通勤用とは別に売り場用の靴を用意したほうが、汚れを気にせず接客できると思います。

### 待機

　スタッフがにらむように見ていたり、立ったまま待ち構えていると、お客様は入店しづらいものです。なにか作業をしながら待機し、入店されたらすぐ「いらっしゃいませ」とご挨拶し気づいたことをアピールします。

　ご挨拶の声はお客様にとって感じの良いものが理想です。節回しをつけたり、長く引っ張ったり、過剰な裏声だったりすると不快に思われてしまう場合もあります。

　スタッフは通りがかるお客様から常に見られる存在です。振る舞いには十分注意しましょう。

### 【入りやすいショップ】

見えないところまで
掃除、整理整頓が
頓されている

ディスプレイや
ハンガーの乱れ、欠けがない

スタッフがアイテムを
センスよく身に付けている

スタッフがてきぱき働いて
入店後すぐ
気持ちのいい挨拶がある

---

**POINT**　ショップの印象は清潔さで決まる
　　　　　スタッフに見られていると入りにくい

迎え入れのポイント

# 接客は笑顔から

**お客様に歓迎の気持ちを伝える**

　「表情」という言葉は「情が表れる」と書きます。

　友人や恋人に会うとうれしくなって自然に笑顔になっていると思います。お客様に対しても笑顔で接することで「お客様を歓迎している」「大事に思っている」という気持ちをストレートに伝えることができます。

　無表情でいるだけで「お客様に関心がない」というメッセージを送ってしまいます。そんなスタッフにはお客様は警戒心を抱き、ネットで買ったほうが楽だと思うでしょう。

**笑顔を自然につくるコツ**

　できているつもりで意外にできていないのが笑顔の難しいところです。特に作業中など、真剣に作業していればいるほど無表情で無愛想な表情になってしまいがちです。

　とはいうものの、ずっと笑顔でいるのも大変です。そこでまずは口角をあげた「微笑み」を作業中も続けるよう意識してみてください。

　笑顔の素敵なスタッフとはつねに笑いっぱなしではなく、笑っているという「印象」をうまくつくっていることが多いようです。

　お客様との会話のここぞというポイントで笑顔を見せ、印象に残る工夫をすることも重要です。「目があったら笑顔」「言葉の終わりに笑顔」といったように、自分の中でいつも笑顔をつくるタイミングを決めてみてはどうでしょうか。

　笑顔は印象ですから、同僚スタッフや友人に印象を聞いてみたり、鏡に向かってチェックする習慣を持つようにしましょう。

## 笑顔の効果

お客様に対して笑顔でいることは当然ですが、ショップの同僚と接するときも笑顔を心がけるようにしたいものです。

笑顔には相手を楽しい気持ちにする効果があり、あなたが笑顔でいることでショップ全体の雰囲気が明るく楽しいものになります。

笑顔は免疫力をアップし、ストレスを和らげ、また脳がリラックスしてアンチエイジング効果があるとも言われています。お客様に怒られたくないというマイナスな動機ではなく、自分がより綺麗になるためのエクササイズだと考えて、笑顔のトレーニングをしてみてはいかがでしょうか。

### 【微笑みトレーニング】

**1**

割り箸を横にして
前歯と犬歯の間あたりで軽くかむ

**2**

割り箸より口角が上がるよう
意識して笑う。
これを毎日1回続ける

---

**POINT** 笑顔で気持ちを伝える！
印象に残る工夫をする

アプローチのポイント

# あいさつが印象を決める

### あいさつは必須

　お客様が入店したらすぐ「いらっしゃいませ」「こんにちは」とあいさつしましょう。入店して誰からもあいさつがないとお客様は不安に思い、商品も見ずに帰られてしまうこともあります。入店後すぐあいさつできるように、作業しながらも店内に目を配っておきましょう。

　最初のあいさつがないと、その後良い接客をしても悪印象が残ってしまいます。あいさつは絶対に忘れないように注意しましょう。

### 機械的なあいさつは×

　よく他のスタッフのあいさつに続けて、まるで「いらっしゃいませ」を言う機械か人形のようなあいさつをしているスタッフを見かけますが、条件反射で嫌々言わされているような機械的なあいさつに心を動かされるお客様はいないでしょう。

　できるだけお客様に向かい、できれば目を見て声をかけると、それだけであいさつの効果が高まります。作業で忙しいときに気を配るのは大変ですが、小さな工夫の積み重ねでぐっと良い印象を残せます。

### 丁寧で上品なあいさつ

　アパレルショップはいわばイメージを売る場所です。スタッフはショップイメージを壊さないようできるだけ「上品」にふるまうように気を付けましょう。

　あいさつも「上品」であるべきです。飲食店のように威勢のいい声をだす必要はありません。

　上品な言い方には「丁寧さ」が必要です。語尾を無理に引き延ばしたり、省略したり、変な抑揚をつける必要はありません。自然にさりげなく、丁寧

にあいさつするようにしましょう。

### 接客基本用語

上品で丁寧な言葉づかいのために、接客基本用語は繰り返し練習し、使いこなせるようになっておきましょう。暗記しているだけでなく、何度も口に出して練習しておくことで、とっさの場合にも丁寧な言葉が自然に口をついて出てくるようになります。

### 配慮が必要なお客様への対応

妊娠している方や体の不自由な方など、見た目で配慮が必要なことがわかるお客様については、あいさつの後にすぐ「何かお手伝いできることはありますか？」と添えましょう。

その際は、車いすを押している介添の方ではなく、必ず本人に向けて言いましょう。

【接客基本用語】
- いらっしゃいませ
- ありがとうございます
- はい！
- 失礼いたします
- はい、かしこまりました
- 少々お待ちくださいませ
- お待たせいたしました
- 申し訳ございません

**POINT** あいさつは入店後すぐ
上品で丁寧なあいさつを！

アプローチのポイント

# アプローチにつなげる観察

### トークのきっかけを探す

　アプローチのタイミングは難しいものです。お客様は自由に店内を見て回ることを望んでおり、無理に話しかけると逆効果になる場合が多々あります。かといって試着時にはスムーズに声をかけてほしいものです。

　作業をしながらお客様をできるだけ観察し、お客様のサインやお声がけのタイミングを探すようにしましょう。

　観察するポイントや方法は自分で工夫してみると良いでしょう。ここでは「新規のお客様」「再来店・リピーターのお客様」「顔見知りの優良顧客」の3つに分けてポイントを見てみましょう。

### 1. 新規のお客様

　新規のお客様はショップスタッフに「無理に売りつける」「くっついて

【新規客へのアプローチ】

- 警戒しているかどうか
- スタッフを探しているかどうか
- 服装はショップのテイストと似ているかどうか
- 自ショップのテイストで似あいそうなものはなにか
- ぼんやり店内を見回っているか
- お目当ての商品に一直線に向かっているのかどうか
- 職業、職種、結婚歴や子どもの有無などライフスタイルを想像する

自由に店内を見せない」というイメージを持っています。無表情なお客様やイヤホンをつけたお客様には無理に話しかけず、自由に店内を見てもらい安心感を持ってもらいましょう。

　また、お客様が手に取る商品、今日の服装や所持品を観察しておきましょう。きょろきょろしたり商品を広げてじっくり見ていれば、試着を検討しているかもしれません。サインがあった場合は積極的に声をかけましょう。

## 2. 再来店のお客様

　再来店・リピーターのお客様を見分けるのは難しいものです。

　何となく見たことがあるような気がする場合は、間違っていてもいいので「前にご来店いただきましたね」と聞いてみると良いでしょう。正しければそのままトークに入れますし、間違っていても謝れば良く、これをきっかけに話ができるかもしれません。

　お客様が自ブランドの商品を身に着けている場合はさりげなく質問してみましょう。またキャンペーン情報やブログの更新などが会話のきっかけ

### 【再来店・リピーターへのアプローチ】

- なんとなくでも見覚えがあるかどうか

- 自ブランドの商品を着ているかどうか
（商品を着て来店しない方もいます）

- ポイントカードやキャンペーン情報、ブログの更新などを把握してトークのきっかけにする

になる場合もあります。

### 3. 優良顧客のお客様

　何度もご来店されお買上いただいているお客様は、なるべくスタッフ全員が顔と名前を把握するようにします。髪型や服装の傾向など、前回の来店時と変わったことがあればさりげなく話題にするほか、新商品の情報を教えるなど、特別な対応をすると良いでしょう。

### 【優良顧客へのアプローチ】

- できるだけ名前で呼ぶ
- 前回来店された時と髪型が変わっているなどの変化
- 新商品を特別に案内したり、VIP扱いする

### 顧客になる可能性の高いお客様

　ショップを気に入ったお客様に声をかけたほうが当然効果があがります。より顧客になる可能性の高いお客様を見分ける工夫を考えてみると良いでしょう。

### 1. ショップと似た服装のお客様

　ショップのテイストと似た服装のお客様は、ショップを気に入って顧客になる可能性も高いと考えられます。

## 2. ショッパーを持っていないお客様

　他店のショッパーを多数持っている方は、ショップ＆ブランドの好みより価格を比較してショッピングする可能性が高いと考えられます。また、すでに好みのアイテムを見つけてしまっている可能性が高いです。

　ショッパーを持っていないお客様はじっくり商品を選んでショッピングするタイプかもしれません。こちらのほうが顧客になる可能性が高いと思われます。

## 3. 閉店間際、開店直前のお客様

　いかにも急いで買いに来たという雰囲気のお客様は、なにか理由があって急にご来店されたと考えられます。ニーズを聞き出しやすく、うまく提案すればお買い上げまでつなげショップのファンになりやすいと考えられます。

**【顧客化しやすいお客様】**

ショップのファンになってもらえそうなお客様に重点的にアプローチする
- ショップと似た服装
- ショッパーを持っていない
- 閉店間際、開店直前

**POINT**　アプローチのきっかけは観察から
顧客になりそうなお客様に重点アプローチ

アプローチのポイント

# まずは好印象を

### お客様の信頼を得る

「無理やり売りつけられる」「つきまとって自由に店内を見せない」などお客様がアパレルショップの接客に抱くイメージは残念ながら良いものではありません。特に新規のお客様ほど警戒しているものです。そういったお客様に初来店からお買上につなげるトークをすることは難しいため、まずは警戒心を解くことを優先したほうが良いでしょう。

### アプローチのコツ

第1章で解説したように、ネットショッピングが普及し販売が難しくなった現在は、再来店時以降もしくは自社ECサイト経由でお買上いただければ十分、というスタンスで好印象をあたえる接客を目指すことが必要です。

つぎのコツを参考に、アプローチを見直してみてはいかがでしょうか。

### 1. ゆっくり落ち着いた声で話す

早口で話しかけられると、お客様は「買わされるのかも」と警戒するものです。緊張をほぐす意味でゆっくり落ち着いて話しかけてみましょう。

### 2. クローズドクエスチョンを使う

「はい／いいえ」の2択で答えられるような**「クローズドクエスチョン」**をしてみましょう。「ご試着なさいますか？」「何度かご来店ですか？」といったあたり障りのない、かつ簡単に答えられる質問をいくつか重ね、お客様の警戒心をほぐしていきましょう。

「何かお探しですか？」と声をかけるスタッフを見かけますが、これはクローズドクエスチョンでなく**「オープンクエスチョン」**のため、警戒心を持っているお客様には不向きです。

### 3. 相づちをうまく使う

　お客様からの回答にはできるだけ相づちを入れましょう。「はい」や「そうですね」といった言葉の相づちのほかに、うなずきなど仕草も有効です。

　また「わかります」「本当ですね」といった共感を表す言葉をはさんでゆくと、警戒心をほぐすことができます。

### 4. トークできればラッキー

　皆さんはショップで話しかけられて不快に思ったことはないでしょうか？

　お客様は自由に店内を見て回りたいと思っています。あまり深追いせず自由にご覧いただいて「トークできればラッキー」くらいに考えておいたほうが、お客様から好感を持たれる接客ができるでしょう。

### 5. 失敗して当然

　アプローチを無視されるのは普通のことで気に病む必要はありません。笑顔が固くなると他のお客様の警戒心をあおってしまいます。気分を切り替え、つぎのお客様に集中しましょう。

### 【クローズドクエスチョン】

| クローズドクエスチョン | オープンクエスチョン |
|---|---|
| はい／いいえでこたえられる質問 | 自由に回答できる質問 |
| ● 初対面でも答えやすい<br>● 会話が広がらない | ● 打ち解けるまで答えにくい<br>● 会話が広がりやすい |

---

**POINT**　　来店時の緊張をほぐす
深追いせず好感を持たれる接客を！

アプローチのポイント

# NGサイン

**嫌われるアプローチ**

　「しつこく声をかけられた」など、不快な思いをしたお客様が決まって挙げるのはアプローチです。皆さんもお客様としてウザい声掛けを経験したことがあると思います。一方ショップでは「積極的な声かけ」を指示され、どうすれば良いか迷うこともあるのではないでしょうか。

　お客様は自由に見て回りたい一方、必要なサポートは求めています。「必要な場合」のアプローチは積極的に行うべきですが、必要もないのに声をかけられるのは邪魔に感じさせてしまいます。

　本人にその気はなくても結果的に失礼な言葉づかいだったり、答えにくい質問を投げかけてお客様を困らせているケースもあります。

　つぎにお客様が不快に感じるアプローチの例をご紹介します。

**1.「何かお探しですか？」**

　まだ緊張感をもっているお客様にオープンクエスチョンは不向きです。

**2.「これカワイイですよね～」**

　「どっちでもない」「かわいくない」とは答えづらく、困らせる質問です。友達感覚でなれなれしいと思われる場合もあります。

**3. 一方的に商品説明する**

　「これは××といいまして」と断りもせず商品説明をはじめるスタッフを見かけますが、お客様は「見ていただけで興味はない」ことがほとんどであり、「営業トークを聞かされた」と不満を持たれます。最低限、お客様の質問を待って説明するようにします。どうしてもプッシュしたい場合は「変わった商品なので簡単にご説明してもよろしいですか」と断ってか

ら説明すると良いでしょう。

### アプローチNGサイン

「アプローチしてほしくない」時ははっきり「見てるだけ」とおっしゃる方もいます。その他、言葉に表さないお客様でもなにかNGサインを出していることがあります。この場合話しかけるのは避けたほうが無難です。

### 1. イヤホンやヘッドホンをしている

「話しかけてほしくない」という意思表示のためにわざわざイヤホンをつけて入店するお客様もいらっしゃいます。

### 2. 目を合わせない

お客様がコミュニケーションを拒否しているサインです。

### 3. スタッフが近づくと逃げる

話しかけられて自由に見られなくなると思われています。距離をとって、呼ばれたらすぐ伺うようにしましょう。

【NGアプローチ・NGサイン】

| NGアプローチ | NGサイン |
|---|---|
| ・「何かお探しですか?」 | ・イヤホンやヘッドホンをしている |
| ・「これカワイイですよね〜」 | ・目を合わせない |
| ・一方的に商品説明をする | ・スタッフが近づくと逃げる |

**POINT** 自由に見ていただくのが大前提
お客様が希望しない声かけは不快に思われる

商品説明・プレゼンテーションのポイント

# 「聞」かずに「聴」く技術

## 接客でファンをつくる

　うまくアプローチできて、お客様の心が少しほぐれたと感じたら、ご来店の動機やどんな商品を探しているのかいろいろお伺いしてニーズをつかみます。

　はじめは商品にしか興味のなかったお客様も、接客が良いと感じれば再来店の可能性が高くなります。次回はスタッフ個人のファンとしてご来店なさるかもしれません。

　大規模ショッピングモールやテレビ通販、ECサイトなど、商品を買える場所が多数ある時代です。その中で「どうせ同じものを買うなら接客の良いあのスタッフに相談してから買おう」と思っていただけることを目標にすべきです。

　お客様との信頼関係を築くためには、まずお客様の言葉をしっかりと**聴く**ことが必要です。

## 主体的に「聴く」

　考え方や感じ方が違うお客様とコミュニケーションを取るためにはまず話を「聴く」ことが重要です。気をつけたいのは「聴く」であって「聞く」ではないことです。

　「聞く」は"Hear"であり、流れている音や声が自然に聞こえてくるという意味で、つまり受け身の姿勢です。

　それに対して「聴く」は"Listen"です。耳と心をお客様のほうに傾けて、受け身ではなく主体的に相手の気持ちや話す内容を考えながら、表情を観察して理解しようと努力することを意味しています。

　お客様の話を聴くには、まず、つぎのことから始めます。

- 相手の目を見る
- 相手の話を理解しているサインを出す（うなずき、相づちなど）
- 相手の話をさえぎらない

　つぎに、お客様の話を理解しようと努力することが重要です。お客様の訴えたいことはつまりどういうことなのか、いくつかあったニーズのうちどれが一番重要なのか、など、話のポイントを自分の頭の中で整理しながら聴きます。「聴く」ためには集中力が必要です。また、相手を理解しようという謙虚な姿勢も問われます。

　「つまり、お客様のおっしゃりたいことはこういうことですね」と話を自分なりに要約してお客様に投げ返すようにしましょう。お客様の話を「聴く」訓練になるほか、お客様の細かなニーズをつかまえるうえで、話をすり合わせるきっかけにもなります。

　「人の話を聞く耳をもて」という言葉があります。話に耳を傾ける謙虚な耳がないと、お客様の期待に応えることはできないでしょう。

### お客様のニーズを的確につかむ

　お客様の目的を察することを第一に考えると良いでしょう。自分なりにお客様のニーズをまとめ、復唱して確認する癖をつけておくとお客様も細かい

【コミュニケーション】

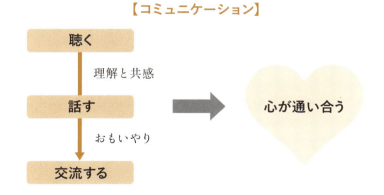

ニーズを言いやすくなります。そんなやりとりでコミュニケーションが取れて来れば、お客様のニーズを満たすお手伝いができるはずです。

### 会話のテクニック

　皆さんのなかには、会話を続ける自信がなかったり、すぐ話題に詰まってしまうという悩みを持っている方も多いと思います。

　会話が上手になる王道とはいろんなタイプのお客様に慣れることですが、苦手を克服する方法としてはほかに話題の引き出しを増やすために本を読んだり、次のような会話の技術を学んでみるのも良いでしょう。

**1. 最後まで聞く**

　もし話の内容の見当がついていても、せっかくお客様が話してくださっているのですから、さえぎらずに最後まで聞きとりましょう。お客様のほうではすべて話しつくした満足感が得られ、スタッフからの提案を聞きやすい気持ちになります。家族や友人との会話で練習してみると、普段途中でさえぎってしまっていることが多いことに気づくはずです。

**2. 感情豊かに反応する**

　お客様の話に合わせて驚きや喜びを素直に表現しましょう。感情表現が苦手だと感じている方は、普段の2倍オーバーに演技してみると効果があります。感情をストレートに表現することで、会話に抑揚や緩急がついて、話しているお客様は楽しく感じます。

**3. 要点を復唱する**

　お客様が言った内容をオウム返しに復唱することで聞き間違いや誤解を防止できます。相づちのバリエーションが増え、会話にメリハリがつきます。

　ただ、わかりきったことを何度も聞き返されるのは誰もが嫌います。復唱するのは要点だけにとどめましょう。

## 4. 共感＆失礼にならない反論

「そうなんですか」「いいですね」と相づちをうってお客様に共感する姿勢をアピールします。お客様がスタッフを信頼しホンネを打ち明けやすくなります。

その一方、会話の途中でお客様の意見に反対しなければならないこともあります。そういった場合はお客様に失礼にならないように配慮しながら、反論します。つぎの表はそうした反論のテクニックをまとめています。

### 【反論のテクニック】

| 名前 | 解説 | 例 |
|---|---|---|
| コンセプト説明法 | 質問、反論されたことをごまかさずに商品コンセプトを軸として理由を説明する | お客様　「派手だなぁ」<br>スタッフ「インパクトのある色使いです。パワーを色で表現しました」 |
| 共感法 | お客様の心配な気持ちに共感し、疑問をわかりやすく解消する | お客様　「派手だなぁ」<br>スタッフ「このインパクトのある色使いがご心配ですか。この色と組み合わせると若々しく見えないでしょうか」 |
| 肯定表現法 | 否定的表現を肯定的表現に置き換える | お客様　「派手だなぁ」<br>スタッフ「インパクトのある色使いですね。若々しい感じがいいと思うのですが、お好みではありませんか？」 |
| イエス・バット法 | お客様の不満を認めたうえで、長所を説明する | お客様　「派手だなぁ」<br>スタッフ「インパクトのある色使いです。〈しかし〉、ベースが白ですので上品にまとまっているかと」 |
| イエス・アンド法 | 指摘個所の長所を説明して、あらたな長所を付け加える | お客様　「派手だなぁ」<br>スタッフ「インパクトのある色使いです。〈そして〉、色のパワーで若々しく見えます。ベースが白ですので上品にまとまっているかと」 |
| 質問法 | 不安材料を確認するために具体的に質問する | お客様　「派手だなぁ」<br>スタッフ「どのような点がご心配でしょうか。考えていらっしゃった色は何色ですか？」 |
| 否定法 | 全面的に否定する | お客様　「派手だなぁ」<br>スタッフ「いいえ、お客様の雰囲気にぴったりな若々しい色使いです」 |

**POINT**　主体的に「聴く」
お客様と共感をつくる

商品説明・プレゼンテーションのポイント

# ショップを好きになる

### 「これで十分」はない

　部位の名称や素材など商品説明に必要な基礎知識、お客様のニーズに合わせた提案に必要なコーディネート知識、ブランドコンセプトやターゲット、トレンドやライフスタイルといった商品の背景に関する知識など、ショップスタッフには多くの知識が求められます。知識はあればあるだけ役に立つでしょう。

### 最低限のアピールポイント

　とはいうものの、最初から膨大な知識を持つことは難しいでしょう。まずは商品を販売するため知識として、素材などの基礎知識とアピールポイントを説明できるようになりましょう。「カシミヤ100％なのでとても着心地が良くて温かいですよ」など、おススメする場合は必ず理由を説明し、説得力のあるトークを目指しましょう。

### 表現力をつけよう

　お客様がイメージしやすい言葉で伝えられるほうが印象に残ります。同じ「青」と言っても、エメラルドグリーンの海のような緑がかった青から、空色に近い青までさまざまな青があります。なにも上手な表現でなくて良いですから、自分なりにいろんな言葉で表現してみるといいでしょう。「ふわふわした」ニット、「さらりとした」肌触りなどオノマトペ（擬音語）を使うようにすると効果的です。

### ブランドコンセプト

　皆さんは自分のショップ＆ブランドのコンセプトを説明できますか？
　ブランドのコンセプトは接客とは一見無関係に思えるかもしれません。

ですが、コンセプトを知らないとすれば、それはあなたがショップ＆ブランドのことをよく知らないということです。よく知らないものを自信をもってお客様におススメできるでしょうか？

ひとつの商品がショップで販売されるまでの間には、マーケティングから企画、デザイン、縫製、物流まで様々な人が関わり、その全員が同じコンセプトを共有して働いています。ショップスタッフも同じコンセプトを共有し、お客様にお伝えする義務があります。

### 知らないことは調べて応える

自分が知らないことを聞かれた場合、知ったかぶりをしてもお客様には見破られてしまいます。それよりも「勉強不足で申し訳ありません。すぐお調べいたします」とお断りして調べるほうが信頼していただけるものです。タブレット端末などを使うとお客様にもすぐ確認していただけます。

あまりお待たせすると失礼ですから、必要な時間を申し伝えましょう。

### 【アピールポイント例】

| 項目 | アピールポイント例 |
|---|---|
| 色 | 「使いやすいベージュ」「顔が白く見えるブルー」など色が与える印象 |
| 素材 | 「天然素材100％」など着心地に与える影響「透けるストールでワンポイント」などファッションのアクセント |
| デザイン | 「今年は深めのVネックが流行」などトレンドのポイント |

| 項目 | アピールポイント例 |
|---|---|
| サイズ感 | 「Mサイズでも細身」「XSからXLまでサイズ展開が豊富」などお客様へのフィット感をアピール |
| 取り扱い方法 | 「自宅で洗える」「シワになりにくい」など取り扱いの容易さ |
| プライス | 「糸の大量仕入れで低価格」「高級素材なのでやはり少しお高め」など値段の根拠 |

> **POINT** アピールポイントを説明できるように
> 自信をもった接客はショップ＆ブランド知識から

商品説明・プレゼンテーションのポイント

# お客様を不快にさせない

## お客様を不快にさせない接客

　お客様にお叱りをうけることは、接客という仕事柄避けられないことではありますが、ショップのためにも自分のためにも、そもそもお客様のためにもできるだけ不快な思いをさせないように気をつけたいものです。

　できるだけお客様に好印象をもってもらえるよう、つぎのポイントに気をつけましょう。

### 1. ネガティブな言葉は使わない

　「膝下丈でないとダメですか」などと「〜ない」「キライ」「ダメ」という否定語を伴った言葉は使わず、「膝が少し見える丈はいかがでしょうか」のように言いかえるほうが良いでしょう。

　同様に、「でも、そのブーツなら膝を見せても大丈夫ですよ」など「でも」も避けたほうが良いでしょう。お客様の意見を否定する印象があるからです。

　また、「最近のお客様はサイズに細かい方が多くて」といった他人を批判するような言動は控えましょう。お客様本人を批判しないのはもちろんです。

### 2. 商品説明をしすぎない

　商品知識が増えてくると、勉強したことを話したくなるものです。ただお客様からすると「聞いてもいないことを一方的に話している」と思われがちです。習得した知識はお客様が必要な時だけ取り出すようにしましょう。

### 3.「思います」は禁句

　印象を柔らかくするためか、なんでも語尾に「思います」をつけるスタッフがいます。これは「知識に自信がないからわざとあいまいにしてい

る」ととられる恐れがあります。「お似合いだと思います」より「お似合いです！」と断言されたほうが気分がいいものです。

　また在庫の有無などはっきり正確な回答が必要な場合、「たぶん」「思います」を繰りかえすとクレームの元になります。

### 4. プライベートに立ち入らない

　2人連れのお客様の関係性など、立ち入ったことを聞くのは失礼にあたります。お客様から話されるまでは触れないよう注意しましょう。

　どうしてもプライベート情報が必要な時は、「お連れ様とはどのようなご関係でしょうか」とはっきり質問し、推測で話をしないようにしましょう。

### 在庫切れの場合は

　買いたい商品があっても、在庫切れではお客様はがっかりですね。その場合、欠品を謝罪するのはもちろん、少しでも誠意ある対応をして印象良くお帰りいただくように注意します。

　具体的には、つぎの点を確認してお伝えしましょう。

- 入荷予定と、取り寄せの可否
- 販売しているほかの店舗の有無
- イメージに近い代替商品の有無

　たとえ最終的にお客様が他店やネットショップで購入されても、あなたが精一杯努力してくれたことをお客様は覚えていらっしゃるのです。その印象次第では次はここで買おうと思っていただける可能性が高まります。

---

**POINT**　ネガティブな言葉は避ける
　　　　　精一杯の対応が次回のお買い上げに

商品説明・プレゼンテーションのポイント

# フィッティングでは正直に

## 実店舗最大の売り

　通販で買った洋服を着てみるとイメージと違ってがっかり、という経験をした方も多いと思います。最近では試着ののち返品可能なECサイトもありますが、もちろん実店舗で試着するほうが便利です。

　フィッティングはネットショップには提供できないサービスの代表選手です。お客様に快適なフィッティングを提供するのは当然として、できれば期待を上回る接客によって心をつかみたいところです。

　フィッティングでは購入を検討しているお客様が相手です。この時点ではお客様とある程度距離が縮まっており、お買上につなげるチャンスです。

## 1. 丁寧な声かけ

　ご来店されたお客様全員に「ご試着できますよ」と声かけしているスタッフを見かけることがありますが、フィッティングを検討していないお客様ももちろんいらっしゃいます。ただ見ていただけのお客様は「売りつけようとしている」と感じて心を閉ざしてしまうでしょう。

　フィッティングをご希望かどうか見分けるのは難しいですが、万事お客様優先でできるだけ配慮してお声かけしましょう。

## 2. 売り急がず正直に

　フィッティングルームにご案内する前には必ずサイズやカラーを確認しておきましょう。もしご希望のサイズやカラーがない場合は正直にお伝えし、できるだけ代替商品をご提案しましょう。もしお客様がサイズ違いを気にされなかったとしても、スタッフとして気づいた点があれば正直にお伝えしましょう。

「お客様が気に入ったのだからサイズの懸念は黙っていよう」という対応は厳禁です。今は良いと思っても、いずれお客様もおかしいと感じるに違いありません。きっと、二度とご来店いただけないでしょう。

逆に商品に難があることを正直にお伝えすると、お客様に真心のこもったサービスを提供するショップだと感じていただき、再来店につながる可能性が高まります。

### 3. 異なるサイズを持参する

サイズがあわず何度も商品を探したり、取りに行くのを待っているのはお客様にとって苦痛です。フィッティングルームであまり長い時間お待たせするのも失礼で、ショップが忙しい時には効率も良くありません。

できるだけワンサイズ違う商品も最初からお渡しし、色違いや良く似たデザインのご希望もうかがいましょう。

### 4. 声かけをする

お客様をフィッティングルームに放置するのは厳禁です。もし時間がかかっているようならお声かけをし、必要ならサイズ違いや他のアイテムを取りに行きます。

### 5. お客様と一緒に確認

一度フィッティングルームを出ていただき、お客様と一緒に鏡に向かって確認します。この時お客様はプロの助言を求めていらっしゃるもの。「お客様のイメージにピッタリですね」「衿元がすっきりして明るく見えますよ」などのように良さを強調しながら、お客様の懸念する点をチェックすると良いでしょう。

---

**POINT**　お買上一歩手前こそ丁寧に対応
　　　　　サイズや色の懸念は正直にお伝えする

商品説明・プレゼンテーションのポイント

# ハンディキャップ接客

## すべてのお客様に気持ちの良い接客を

　車いすのお客様や聴覚障がいをお持ちのお客様にも、気持ちよくショッピングしていただけるようにしたいものです。

　ハンディキャップをお持ちのお客様も、できるだけ健常者と同じように対応をすることが重要です。その上で「何かお手伝いすることはありますか？」と声をおかけして、必要な点だけ心を込めてアシストします。

　あくまで通常の対応が基本ですが、つぎのようにちょっとした心配りをすることでお客様の心をさらに動かすことができるでしょう。

## 車いすのお客様

　介助者がいる場合、つい介助者を優先してコミュニケーションをとってしまいがちですが、お客様ご本人からすると気分の良くないものです。

　まず立ち止まって目線を合わせ、笑顔でお声がけします。正面からだと圧迫感があるため、斜め前で１メートルくらい離れた場所で会話します。

　お金や商品のやり取りはお客様の膝の上で行います。混雑時はお客様自身にもご迷惑をおかけしてしまうため、安全な場所でしばらくお待ちいただきます。

## 聴覚障がいのお客様

　聴覚障がいは外見では分かりにくく「見えない障がい」とも言われます。障がいを知られたくないお客様もいらっしゃいますので、一様に大声で接することがないように気をつけましょう。

　正面に回って口元がはっきり見える位置と距離で、常に笑顔で１対１で接客します。従業員同士の談笑は誤解のもとになりますので、慎みましょう。

　必ず顔を上げ口元がお客様から見えるようにはっきりとお話します。

「今日は　雪が　降って　います」のように、文節単位で区切ります。同じ口の形になる「あめ・かめ、たまご・たばこ」などは繰り返しながら筆談や身振りを活用します。数を確認する時は手や指を使って確認します。お客様に顔を上げていただきたい時は、手を振ったり、トントンと軽くたたくなどの動作が必要です。

### 筆談の方法

　筆談する場合は、声に出しながら、短い文で丁寧に書きます。難しい漢字や、わかりにくい表現は避けます。

　筆談の紙はチラシの裏紙などを使わず、白紙を用意し、必要な場合はお渡しします。

　空中や手のひら、机の上などに文字を書いたり、スマホなどの画面を使用してコミュニケーションをとることもできます。

## 【ハンディキャップ接客】

**POINT**　介助者ではなく本人に話しかける
　　　　　不必要な介助をしないよう気を付ける

クロージングのポイント

# 決めゼリフを用意しよう

## ミスをしないクロージング

「**クロージング**」とは、お客様がお買上を決めること、もしくはそのサポートをすることです。クロージングの接客は、ショップスタッフにとって買うかどうかお客様と一緒に悩みながらショッピングの楽しさを共有する、そんな瞬間です。

悩みに悩むお客様の背中を押し、お買上につなげる対応はショップの売上に直結します。またデリケートかつ誠実に対応してくれたショップには、お客様はまたご来店なさるものです。

逆にスタッフが「早く決めてほしい」という表情をしていたり、なんとか買わせようと決断を迫るような対応をすると、たとえその場はお買上いただいたとしても、お客様は二度とご来店なさらないでしょう。お客様はスタッフのホンネと建前の使い分けにとても敏感です。

### 1. 決めゼリフを用意

自分が着用した経験談、在庫が少ないことをアピール、雑誌・カタログ・ウェブの掲載情報など、自分なりの最後のひと押しを用意し、必要な情報は事前に調べておきましょう。

### 2. お取り置きを活用

お買上を決めるのはお客様であってショップやスタッフではありません。言葉や態度、表情も含めてスタッフが無理に決めさせるようなことはあってはなりません。

決断が難しいお客様にはあまり無理強いせずお取り置きを提案すると良いでしょう。

お取り置き商品は一定期間が過ぎたあと自動的にキャンセル扱いにする

ようなルールがあるとスムーズです。

お取り置きの提案が最後のひと押しになり、ご購入されることもあります。常に丁寧で誠実な対応を心がけましょう。

### 3. 自分からクローズしない

レジに誘導すると「これでお買物は終了」という雰囲気をつくってしまい、ほかの商品も検討していたお客様は欲求不満のまま帰ることになってしまいます。これではショップにとって貴重な販売チャンスをみすみす逃すようなものです。

お客様がお会計をご希望かどうか必ず確認するようにしましょう。最低限必要な対応として「ほかの商品もご覧になりますか？」と伺いクローズの意思を確認します。クローズの意思がないお客様にはもちろんセット販売を狙いご提案を続けます。

### メンテナンスとアフターサービス

レジまでの間に洗濯方法や取り扱い上の注意点をお伝えしましょう。顧客づくりに直結するため、もしショップで対応可能なアフターサービスがあれば忘れずにご説明しましょう。

### 買わない時ほど好印象を

売れずに態度を急変させるようではプロの接客とは到底言えません。お客様はショップに不信感を持ち、二度とご来店なさらないでしょう。

お買上いただけなかった場合こそ、特に注意して好印象を残すよう対応します。売上を度外視して一所懸命に接客しているという印象を持ち帰ったお客様は、きっと再来店されるからです。

---

**POINT**　自分なりの決めゼリフを
　　　　　 買わない時ほど好印象を

クロージングのポイント

# レジで信頼をなくさない

**絶対にミスをしない**

　お会計、お包み待ちの時間はポイントカードの発行のほか、イベントや各種キャンペーン、ブログやSNSアカウントをアピールする絶好のチャンスです。一度きりのお客様を顧客化するためにはレジ対応の時間をできるだけ活用したいところです。

　レジでは、金額・支払い方法の確認、受け取りとお釣りの返却、商品の確認・お包みなど多くの作業を行います。誤解や連絡ミスから深刻なクレームに発展することもあります。お金を扱う緊張感を持って仕事に当たりましょう。

**1. 先に会計を済ませてから包む**

　財布を持たせたままお客様をお待たせするよりは、先にお会計を済ませたほうがスマートな対応でしょう。お会計はお包みの前に済ませましょう。

**2. お名前を呼ぶ**

　クレジットカードの受け渡しに「○○様、カードをお返しします」とお名前を呼ぶことで特別感のある対応になります。また間違ったカードを返却するトラブルを避けることにもなります。カードを返却する時はお客様がカードの名前欄を読めるよう正面を向け、両手で丁寧に差し出します。

**3. お包み中は会話もはずむ**

　商品を包んでいる間、お客様は心がほぐれていて気軽にお話ししていただけるものです。イベントやセール情報など再来店につなげるアピールをしておきましょう。

　手持ちぶさたなお客様はレジまわりをご覧になられます。伝えたい情報

はPOPにして置いておくと良いでしょう。小物をディスプレイしておくとお買上いただけることも多いです。

### 4. 急いでいるお客様には手短に

お包みやレジ処理の間に出口に目線が行くお客様は、すでに次の行動に気持ちが移っています。正確さを心がけつつ、できるだけ素早く対応しましょう。

### 5. ラッピング包装と簡易包装

ギフトをお求めのお客様にはぜひラッピング包装をおススメしましょう。ただ昨今は過剰な包装を嫌うお客様もたくさんいらっしゃいます。環境保護の観点からゴミの分別ルールが細かく決まっている地域も増えました。包装はお客様のご要望を最優先し、必要に応じて確認しましょう。

### 6. 大きいショッパーにまとめる

お客様が他店のショッパーをお持ちの場合「おまとめしましょうか？」と申し上げて大きいショッパーにまとめましょう。お客様へのサービスになり、また自店のPR効果もあるので、一石二鳥です。

---

**POINT** レジは正確さが最優先
セール情報やカードご案内を忘れずに

クロージングのポイント

# 他店カードとの競争

## 貴重な情報収集ツール

ショッピングで使用可能なポイントを付与する場合、オムニチャネル戦略をとる企業はECサイトと実店舗でポイントを共通化しています。

メンバーズカードにはお客様の再来店を促す効果があります。また個人情報の保護が求められる昨今では、お客様の連絡先をいただける貴重なチャンスでもあります。

## カードは平均3.5枚

しかし、今ではどのショップでもメンバーズカードを発行しており、ごくありふれた販促手段になりました。お客様の財布はさまざまなショップのカードで一杯、普段使うカードにしていただくのは大変です。

よく使うメンバーズカードは平均3.5枚というアンケート結果もあります。新規会員を集めるのも競争が激しくなっています。

カード自体の工夫だけでなく、ショップにおける接客対応でもお客様のメリットをきちんとご説明するなど、他店カードとの差別化を図ってゆく必要がありそうです。

### 1. メリットを明確に

「本日のお会計は〇〇円でしたので、〇〇ポイント貯まりました。あと、△△ポイントで特典アイテムと引き換えられます」と、ポイントとメリットをはっきり提示することで、お客様にカードをアピールできます。

### 2. 名前を覚えるきっかけに

カードのご登録や記名式カードの場合はお名前がわかります。カードをお客様に渡すときに、「〇〇様、カードのご提示ありがとうございます」

とお名前を呼んでお渡しするとともに、顔とお名前を覚えるきっかけにしましょう。

### 3. 登録作業をご説明・ご案内

　ほとんどのポイントカードはお客様ご自身による登録作業が必要です。登録するとポイント率が良くなったりECサイトとポイントを共通化できるなど、メリットは理解していても、忙しいお客様はつい放置してしまいがちです。

　ショップスタッフはこういったアプリやウェブ上での登録作業を理解し、登録方法のご説明やご案内を積極的に行う必要があると思います。お客様に喜んでいただけるだけでなく、ショップ&ブランド全体でカードの利用率を向上させることができます。

### ショップだけでなくモールのカードも活用

　ショッピングモール内のショップでは、モール独自のポイントカードも利用可能な場合が多いです。ただ、ショップのカードは勧誘するものの、モールのカードはメリットやキャンペーンにあまり詳しくないせいかあまり熱心に勧誘していないこともあるのではないでしょうか。

　モールのカードを持ったお客様も、もちろんショップに再来店される可能性が高くなります。近所にお住まいのお客様である可能性も高く、顧客化してゆく格好のターゲットです。自分のショップのカードだけでなくモールのカードへも積極的に勧誘し、メリットをご説明しましょう。

---

**POINT**　メンバーズカードは競争の時代
　　　　利用法・登録作業を積極的にご案内しよう

お見送りのポイント

# お見送りは次回のはじまり

**再来店につなげる接客**

　お見送りの時は雑談もしやすいと思います。ぜひ積極的に雑談をして、お客様に、次回も接客させてくださいという好意をアピールしましょう。お客様はきっと、良いスタッフに会えてよかったと楽しい気持ちでお帰りになるでしょう。

**1. 自己紹介する**

　アプローチからお買上の間は在庫の確認やご提案などに忙しく、スタッフが名乗るチャンスはあまりないと思います。ただお客様とその場限りでなく長いお付き合いをしてゆくには、やはりスタッフが自己紹介するところから始めてゆく必要があります。

　「今日担当させていただきました○○です」と、自己紹介を添えてお見送りすると良いでしょう。

**2. 「購入した商品を着てご来店下さい」**

　「またのお越しをお待ちしております」に加えて「ステキなお洋服なのでぜひ大事にしてください」「次回はぜひお召しになってご来店下さい」という言葉をつけ加えると効果的です。お客様の「良いショッピングができた」という気持ちを強め、次回以降も歓迎しますというメッセージを伝えることができます。

　ショップ＆ブランドの商品を着用してご来店されればひと目でリピーターだとわかり、次回以降の接客で迷いが少なくなります。

**3. 最後にお客様をほめる**

　購入後はお客様の心がほぐれているため、ほめ言葉が心に響きやすい状

態です。お買上の商品だけでなく、お客様を観察してなにか良いところを見つけ、積極的にほめ言葉を使ってみましょう。お見送りの雑談もはずみ、自分の印象を良くすることができます。

### お見送りはほどほどに

　お見送りの時、高いお買物をした訳でもないのにショップ出口まで見送られることを負担に感じたり、過剰な接客の例に挙げるお客様もいらっしゃいます。出口までのお見送りは特別な場合にとどめても良いでしょう。

### 車いすのお客様への対応

　車いすのお客様をお見送りする場合、介添えの方でなくご本人に対応することが原則です。お話しするときはできるだけ片膝をつき、お客様の目の高さに合わせてお話しします。

　商品をお渡しする時は、膝の上に荷物を置いて構いません。お客様が商品をしっかりつかんだことを確認してから手を離すよう注意します。

　これもご本人に渡すようにしますが、もしもお客様ご自身で持つのが難しそうであれば、ご本人にひと言お断りして介添えの方に渡しても構いません。

**POINT**　積極的なアピールで再来店につなげる
　　　　　出口までお見送りしなくてもOK

顧客づくりの接客

# お買上より好印象

### 好印象＞とにかく売上

　ショップにとって売上は重要です。はじめてのお客様であってもできるだけお買上につなげたいと思うのは当然です。

　ただ、ご来店なさるお客様は、いらないものを無理に売りつけられたり、過度なセールスを受けて商品を自由に見られなくなることを警戒なさっています。初来店でまだ心を開いていないお客様に対してセールストークのテクニックによって販売することは難しいのが現実です。

　無理にセールストークを展開した結果、ショップ＆ブランドに「接客が悪い」という印象を持たれてしまうと、口コミが拡散する今日ではECサイト経由の売上にも悪影響が及びます。

　経験豊富なスタッフならまだしも、入店1〜3年目のスタッフに売上ばかりを期待すること自体無理があります。まずは好印象を優先し、お買上を狙った行動は機を見て行うほうが良いでしょう。

### 顧客は財産

　ショップにとっても、またスタッフにとっても長くお付き合いいただける顧客は財産と言えます。コンスタントに売上を上げられることが自信につながり、接客にも余裕が生まれます。

### 顧客づくりの接客

　ではどのようにすれば顧客をつくってゆけるでしょうか。

#### 1. テクニックより真心

　ふらっと入ったお客様に「**真心のこもった期待以上の接客**」を提供することで、「この店で買って良かった！」と感動していただくことで、また

ご来店いただけるチャンスが高まります。

　マナーや商品知識、テクニック面ももちろん重要ですが、「走り回って一所懸命在庫を探してくれた」「嫌な顔ひとつせず長い時間フィッティングさせてくれた」といった「心からのもてなし感」「期待以上の感動」を実践することには、お客様の心を動かし虜にする魅力があります。

### 2. 雑談力

　雑談という「言葉のキャッチボール」を通じてお客様の心をほぐすことが重要です。雑談が上手なスタッフはお客様の言葉を理解するのが上手で、ニーズも的確にとらえるため、お客様に信頼されやすいようです。

　雑談力をつけるにはファッション以外の知識も積極的に仕入れるようにすると良いでしょう。

### 3. ショップ＆ブランドを好きになる努力

　自分のショップを本当に気に入っていれば、お客様に自信をもっておススメできるはずです。お客様の前で真心のこもった接客ができてないように感じるなら、まずはショップ＆ブランドをもっと好きになる努力をしてみてはいかがでしょう？

　ブランドのコンセプトを再学習したり、企画や縫製の仕事と関わるスタッフの努力、思いなどを知ることで、よりショップ＆ブランドに愛着がわくと思います。

---

**POINT**　　売上よりも好印象
　　　　真心のこもった一所懸命さが期待を超える

顧客づくりの接客

# 「3回ご来店」の壁をこえる

## 2度あることも、3度ない？

　印象が良かったショップにしばらく通ったけれど、特に理由もなく足が遠のいてしまった、という経験はないでしょうか？

　欠点のないサービスだけではお客様の気持ちは徐々に冷めてしまうものです。ショップの好印象は再来店の大きな動機になりますが、お客様の期待も高くなっていき、2回目以降はさらに高いレベルのサービスを提供しなければ心を動かすことはできなくなっています。

　ある調査によると3回以上利用したショップはその後も継続して利用されることが多いそうです。まずは**「3回ご来店」**いただくことを目標としてみるとよいでしょう。

## 時にはヤマカンも◯

　何度もご来店いただくためにはまずお客様と親しくなることが重要です。そのため、まずはスタッフから好意をアピールし距離を詰めていきます。ただ、毎日たくさんのお客様がご来店するなか、スタッフがお客様全員の顔と名前を一致させることは大変で、2、3回のご来店では困難でしょう。

　そんな時「一度ご来店されたかな？」程度のカンがあれば、リピーターであるほうにヤマをはって「先日もご来店なさいましたよね？ありがとうございました」というようなご挨拶をしてみましょう。

　もし初めてご来店されたお客様であれば「良く似た方と間違えてしまいました」とすぐ謝罪すれば大丈夫です。

　もしヤマがあたれば「2回目なのにもう覚えてくれた」とびっくりなさるでしょう。

## チームプレー＞個人プレー

　従来売上はスタッフにつくもので、売上がスタッフを評価する基準でもありました。またそれにつれてショップにおける発言力の多寡も自然と決まることがありました。接客は個人プレーという考え方がかつては主流で、ひとりのお客様を複数のスタッフで接客したり、スタッフ間で情報交換する場面は少なかったように思います。

　ですが今日、ショップはまずショールームとして機能しなければいけませんから、個人の売上こそすべてという発想は捨て、積極的にチーム接客を行うほうが利口でしょう。スタッフの接客レベルを平均化する効果も期待できます。

　チームでの対応は顧客づくりに大変有効です。ぜひ活用してみてください。

### 1. リピーター・顧客ならではのVIP感
　リピーターや顧客を複数のスタッフで対応することで特別な対応をしている印象を与えられます。

### 2. お客様情報を記憶・把握しやすい
　ひとりですべてのお客様を記憶するのは大変ですが、チーム接客ならスタッフのうち誰かひとりが記憶していれば対応が可能で、よりきめ細やかな接客ができます。

### 3. トークが弾む
　1対1で会話するよりも、2人以上で接客するほうが盛り上がります。スタッフ間で商品知識やお客様情報をフォローし合うことで、お客様のニーズにお応えできる可能性が高くなります。

---

**POINT　3回ご来店いただくことを目標にチーム接客を活用する**

顧客づくりの接客

# 優良顧客

### 「80対20の法則」

　売上の8割は2割の優良顧客によるものという経験則があります。これを「**80対20の法則**」または「**パレートの法則**」と呼ぶことがあります。

　アパレルショップにおいても優良顧客が売上の大部分を占める、というケースがあります。優良顧客は人数で言えば少数派ですので、ショップからみてニーズをつかみやすく重点的なサービスを展開することができる存在です。

　優良顧客層を厚くして、売上拡大というメリットが生まれるよう、いわゆる「お得意様」の再来店および対応のポイントを考えてみましょう。

### 1. お客様「だけ」

　何度もご来店なさってたくさんお買上になるお客様は、自分は優良顧客であるという自覚を持っているものです。そのためショップには多少融通をきかせた対応を期待していらっしゃいます。

　そのため新商品の入荷情報やセール情報を先にお伝えしたり、限定商品の予約やノベルティの配布など、優良顧客だけの特別な対応を行います。

　「お客様にだけ」という言葉を取り入れ、「お客様にだけお伝えしますが、明日から販売する限定アイテムがさっき入荷しました」といったトークをすると効果的です。

### 2. アドバイスをもらう

　常連のお客様に愛されるショップでは、お客様もショップ作りに関わり、スタッフとお客様の間に一体感が生まれていることがあります。

　アパレルショップでも、優良顧客のお客様にはディスプレイ方法の評価、アイテムのチョイスなど、広くショップへのアドバイスをいただいてみて

はいかがでしょうか。何度もご来店いただいているお客様の生のご意見ですから、ディスプレイやアイテムのチョイスに大変参考になると思います。

また、それ以上にお客様にとっては「ショップづくりに参加した」というかけがえのない体験となり、一層ショップを好きになっていただけるでしょう。

### 3. イベントでお客様と交流

顧客限定ハウスセールなど、優良顧客向けセールに参加できることはお客様にとって大きなメリットです。それ以外にも、例えばスタッフ用Tシャツを制作し優良顧客限定で販売するといったサプライズがあると、お客様の優越感をよりくすぐることができるでしょう。

大がかりなものでなくても、スタッフとお客様が交流する季節ごとのイベントなどをショップ単位で企画しても面白いのではないでしょうか。

例えばハロウィンの前夜祭としてショップスタッフと優良顧客だけが同じコスプレをするイベントや、思い切って店内の飾りつけに参加していただくイベントなど、お客様との交流がより深まるようなアイディアがあると楽しいのでしょう。

【パレートの法則】
20パーセントの顧客が
売上の8割を占める

**POINT　8割の売り上げは2割の優良顧客から
お客様と交流する機会をつくろう**

顧客づくりの接客

# スタッフ全員の力で

## チーム接客の活用

　かつてのアパレル接客は個人プレーが当然だと考えられていましたが、ショップ＆ブランドの好感度を高めることや顧客づくりを重視すべき現在では、売上トップのスタッフ「だけ」活躍するショップより、スタッフ全員が元気よく働くショップを目指すべきです。

　チーム接客を活用することで、リピーターや優良顧客に対して特別感のある接客が可能になります。またスタッフ間の接客レベルの平均化にも役立ちます。

### 1. 提案・接客力の向上

　たとえば、Tシャツとブラウスどちらを買うか迷っているお客様がいたとします。メイン担当スタッフが「Tシャツのほうがいま着ていらっしゃるお洋服にお似合いです」と言ったすぐあとでサブ担当スタッフが「私もそう思います」と笑顔でうなずくことで、より説得力のある提案になります。

### 2. 商品・顧客情報の共有

　もしメイン担当があるブラウスの詳しい情報をど忘れしてしまっていても、サブ担当が知っていれば問題なく接客できます。逆にメイン担当が個人的に勉強した、今年のブラウスのトレンド情報を話すことでサブ担当にも共有できます。

　リピーターや優良顧客の情報も同様に、たとえばお客様が最近転職したことをサブ担当が知っていれば、メイン担当にも伝わります。

### 3. 接客スキルの平均化

　チーム接客を通してベテランスタッフのスキルや方法を他のスタッフに

伝えてゆくことができ、いわゆるOJTでの接客トレーニング効果が高まります。

先輩の言葉づかいを横で聞くことで、いつしか自然に口をついて出てくるようになり、トークのボキャブラリーを増やす効果も期待できます。

### 共通の目標を設定

昨今のアパレルショップを取り巻く環境には大変厳しいものがありますが、逆境の中でも結果を出してゆくために、スタッフ全員の協力が必要です。

売上トップの店長がすべて判断するよりも、スタッフ各自が考え、知恵を出し合うことが求められます。

そのために、ショップの改善すべきところや強化したいサービスなど、売上金額以外の目標を設定し、全員で共有するようにしましょう。

「複数お買上のお客様増加のためアクセサリー提案を強化」「今月のメンバーズカード新規入会者〇〇人達成」など、具体的で顧客づくりに役立つものにすることがポイントです。スタッフ全員でショップの現状認識や課題を共有するため、スタッフエリアの目立つ場所に提示しておくと良いでしょう。

**POINT** 個人プレーからチーム接客へ
全員で解決するチームを目指そう

顧客づくりの接客

# 自分磨きの方法

### もっと魅力的な自分に

　ショップスタッフはよりお客様に愛されるよう、日々自分を磨く努力をすべきですが、具体的にはどんなことをしたらよいでしょうか。魅力的なショップスタッフに必要な「魅力」「知識・技術」を伸ばすための方法をいくつかご紹介します。

### 個性を育てる

#### 1. 上手なアピール

　他のスタッフとは違った個性があるほうがお客様から覚えられる可能性も高くなります。ファッションや髪型にひと工夫すると良いでしょう。

- 他のスタッフと被らない髪型に
- 体型をより目立たせる
- 小物やアクセサリーでアクセントをつける

#### 2. ファッション情報を集める

　ターゲット年代向けのファッション雑誌やウェブサイトに目を通しておくと良いでしょう。自分のセンスが磨かれるだけでなく、お客様にご提案する時のコーディネートの引き出しが豊富になります。

　雑誌やウェブサイトのキャッチコピーにも注目してみましょう。お客様がどういったポイントに興味を持つかが分かります。またおススメするときのボキャブラリーが増えるでしょう。

### トーク力をつける

#### 1. ニュースや本を読む

　新聞やネットのトップニュースくらいは毎日チェックする癖をつけてお

くと良いでしょう。また幅広く読書しておくと話題の引き出しが増え会話に自信が持てるようになります。

ニュースだけでなく、おしゃれなカフェやスイーツなど話題のショップの情報を集め、できるだけ足を運んでおきましょう。

## 2. 異業種・異世代の人と交流

お客様のホンネやニーズを理解するためには、いろんな業種や世代のライフスタイルや考え方を知ることが近道です。同年代の友人だけでなく、親戚の集まりや社会人の趣味のサークルなど、積極的にいろんな人と交流するよう心がけましょう。

## 3. 周囲に関心をもつ

通勤途中にすれ違う人を普段何気なく見過ごしていないでしょうか。見るものすべてに興味を持ち、あれこれ考え観察する癖をつけることで、お客様と会話する時のアイディアが増え、具体的で感情表現豊かな対応ができるようになります。

## 商品・接客知識をつける

### 1. 資格を取得する

商品知識を高める近道として資格の取得が挙げられます。試験の学習を通じて必要な知識を体系立てて身に付けることができます。資格手当がもらえるショップもあると思いますので、モチベーションを上げるための目標としても良いと思います。

ショップスタッフの仕事に役立つ資格には、リテールマーケティング（販売士）検定試験（日本商工会議所）、カラーコーディネーター検定試験（東京商工会議所）、色彩検定（色彩検定協会）、ファッション販売能力検定（日本ファッション教育振興協会）などがあります。勉強するには、自宅でできる通信講座やEラーニングの他に、商業施設などで研修を行っているところもあります。積極的に活用してスキルアップに努めましょう。

## 2. ワンランク上の店に行く

時には高級店の接客を体験してみるのも良い経験になるでしょう。高級ホテルのラウンジでアフタヌーンティーを頼んでみたり、下町の老舗でお土産を買ってみたりすると、普段の接客方法を見直すきっかけになります。

ワンランク上の接客を受けて見ることで、お客様に喜ばれるコツがわかってくるでしょう。

## 3. 自分でフィッティング

着心地やサイズ感は自分で着てみないとわかりません。ショップの商品はできるだけ試着しておきましょう。用途やシーンを想像しながらコーディネートしてみることで、着回しの新しい発見があるはずです。

## セルフメンテナンスのために

### 1. 健康管理

健康に気をつけている人はそうでない人よりも綺麗に見えるものです。お客様を笑顔でもてなすために、いつも心身ともに健康でいられるよう心がけましょう。風邪を引かない、睡眠をきちんと取る、栄養バランスの取れた食事を心がけるなど、忙しい毎日の中でもできるだけ自己管理をおろそかにしないようにしましょう。

### 2. 身だしなみ

忙しい時期にはどうしても身だしなみにかける時間を節約したくなるものです。ですが、ショップスタッフは「動くマネキン」であり、「こんなファッションを着てみたい！」とお客様に思わせられるような存在でいたいものです。

自分に手間を惜しまない人はいつも自信を持っていて性格も明るくなってゆきます。魅力的な自分でいるためにも、いつも高いプロ意識を持って身だしなみに注意を怠らないようにしましょう。

## 3. プライベートも充実

　プライベートが充実している人は仕事でも輝いて見えるものです。また、プライベートの活動を通じて養った知識や経験、人間性は、接客には欠かせないものです。

　充実したプライベートを過ごしているほうが仕事のストレスをためずに毎日を過ごせますから、そうすると仕事でも良い笑顔が自然に出やすく、良い接客ができます。友人とお出かけしたり趣味に時間を割いたり、ストレスをためない生活を心がけましょう。

## 4. 掃除＆整理整頓

　自分の部屋が散らかっていると気分も沈んでしまうものです。ショップにいる間だけでなく普段から整理整頓し、こまめに掃除する癖をつけましょう。

### コツコツ続ける

　ここに挙げた努力を続けるのは簡単ではありません。最初から怠けていてはいけませんが、かといって根を詰めすぎると逆に良くないものです。体調が悪い時や疲れている時には多少さぼってもしょうがない、というくらいの気軽な姿勢のほうが長続きします。

　努力を実らせるもう一つのコツは「できるだけ毎日続ける」ことです。一見逆のことですが、あくまで無理をせず毎日少しずつ取り組む習慣をつくることで、気がついた時にはきっと今よりも魅力的で愛されるスタッフになっているでしょう。

　忙しい毎日ですが、1日のうち自分磨きにあてる時間をきめて取り組んでみましょう。

---

**POINT**　接客を通じてより魅力的な自分に！
　　　　　無理のない程度にコツコツ続けよう

ネット時代の接客

# プライバシーを考える

## 小規模なショップも対象に

　個人情報とは「個人を特定できる情報」を意味します。氏名や電話番号、住所などのほか、メールアドレスなども含まれます。

　お客様の個人情報をショップで預かる機会自体が減っていると思いますが、思わぬところで預かっていたり、また過去に作成した顧客リストや台帳を保管していたりする場合もあります。

　2015年9月に成立した改正個人情報保護法により、従来は対象外だった5,000件以下の個人情報を扱う事業者も法律が適用されることになりました。

　これにより従来は法律の適用外だった小規模のショップも顧客リストの管理や個人情報保護により配慮することが求められます。

　お客様あってのショップですから、ご迷惑をおかけしたりお叱りを受けないためにも、必要な管理とポイントを知っておきましょう。

## 個人情報保護法の注意点

　個人情報保護法は、個人情報の取り扱いに関する必要最小限のルールです。個人情報とは、「個人を特定できる情報」を意味します。

### 1. 目的以外には使用しない

　個人情報をご記入いただく時はセール情報のお知らせに使うのか、DMの発送に使うのかなど、利用目的をはっきりお伝えする必要があります。お直し終了の時にご連絡をさしあげるために電話番号を頂くのは大丈夫ですが、その連絡先を使いまわしてDMを発送することは問題になります。

### 2. 管理者が必要

　個人情報を管理する責任者を決めておく必要があります。また個人情報

が漏えいしないよう、適切に管理する義務があります。

### 3. 鍵のかかる引き出しへ

　顧客カルテや顧客台帳を紙で作成し、バインダーなどに保管している場合は、鍵のかかる引き出しに移動しなければなりません。

　個人情報を記入したメモや申込用紙は、カウンターや机に放置しないようにします。インターネットに接続されたパソコンに個人情報を保存することも避けたほうが良いでしょう。

　スタッフが顧客を覚えるためにメモを作成する場合、フルネームや電話番号の記載は避けましょう。ましてやショップの顧客台帳を許可もなく自宅に持ち帰ったりしてはいけません。

### 4. 不要な個人情報は廃棄する

　カードの申し込み用紙など、データ登録後不要になったらシュレッダーにかけて廃棄します。

　もしショッピングモールや役所などから申し込み用紙の提出を求められたとしても、個人情報をお客様の同意を得ずに第三者に提供してはいけません。

> **POINT** 　小規模のショップも法律の対象に
> 　　　　出しっぱなしや持ち帰り、持ち出しをしない

ネット時代の接客

# SNSを活用

## SNSの特徴と使い分け

　LINEやFacebook、TwitterといったSNSが台頭した現在では、従来は郵送のDMやメールマガジンの発行といった方法しかなかったショップからの情報発信が大きく様変わりしました。

　SNSでの情報発信にはちょっとしたコツが求められますが、顧客づくりに大きな効果があり、ぜひ取り入れたいところです。まずは各ツールの特徴と使い方のコツを整理しておきましょう。

### 1. LINE

　日本だけでなくアジアでも人気の高いメッセージアプリです。会話感覚でショップの投稿をお客様へ届けることができます。

　LINEを使用して情報発信するにはショップのアカウントを登録していただく必要があります。また長文や大きな画像の投稿には向いていません。

### 2. Twitter

　ユーザー数も多く口コミが拡散しやすいツールです。ショップの店頭からリアルタイムの投稿ができますが、文字数や画像点数に制限があり、詳細な情報を掲載するには不向きです。

### 3. Instagram

　気軽に写真を投稿できるアプリで、若い世代を中心に世界中で人気が高まっています。ショップ店頭からスタッフのコーディネート写真を投稿する、お客様が投稿したコーディネートに「いいね！」するといった使い方が考えられます。

## 4. ブログ

　厳密にはSNSではありませんが、ショップの情報発信には欠かせないツールです。文字・画像数に制限がなく自由に編集して情報発信できます。ただ更新を通知する機能がないため、メインの情報はブログへ投稿し、TwitterやLINEに更新のお知らせを投稿する、といった使い分けが必要です。

## 5. Facebook

　文字数制限を気にせず使用でき、ユーザー間で写真を簡単にシェアできます。ただ友達以外はタイムラインに投稿できないように設定しているユーザーも多く、情報が伝わるかどうかは個人の設定に影響を受けます。また原則として本名で登録する必要があります。

### 【SNSの種類・特徴】

| 種類 | 特長 | 更新頻度 | 主な用途 |
|---|---|---|---|
| LINE | 若い世代にユーザーが多い<br>日本だけでなくアジアでも人気<br>プッシュ型配信<br>長い文章や大きな画像には向かない | 大 | セール情報<br>商品入荷情報<br>イベント開催情報 |
| Twitter | ユーザー多数<br>口コミの拡散に最適<br>文字数・画像数の制限あり | 大 | |
| Instagram | スマホで撮影した写真を投稿して共有できる<br>コメント機能あり | 大 | コーディネート紹介<br>商品入荷情報 |
| ブログ | 更新が比較的容易<br>情報量に制限が少ない<br>プッシュ配信ではない | 中 | イベントのレポート<br>コーディネート紹介<br>新作商品内容紹介 |
| Facebook | 情報の表示制限あり<br>口コミ拡散は可能　実名制 | 中 | |

**POINT**　特長を知って使い分けを
更新頻度とアイディアで勝負！

ネット時代の接客

# ショップで活用するSNS

### こまめな更新を心がける

　SNSを使う時一番大切なことは「こまめに更新する」ことです。更新頻度はお客様の反応を大きく左右するため、毎日投稿するのが良いでしょう。

　ショップの地図や連絡先などめったに更新する必要がない情報はオフィシャルサイトに掲載し、ニュースのみ更新するようにします。

### SNSを来店につなげる

　ディスプレイ写真を投稿したり、逆にSNSで話題になった商品をディスプレイで目立たせたり、アイディアをこらしてひと工夫しましょう。

　SNS経由でご来店なさったお客様に特典をご用意する方法もあります。ノベルティをご用意したり、「ブログを見た」のキーワードやスマホの画面提示で割引価格を用意する、メンバーズカード加入時にSNSアカウントを周知するなど、工夫次第でさまざまな販促ができるでしょう。

### 炎上させない

　SNSは便利なツールである一方、使い方によってはトラブルに発展することもあります。ショップがSNSを利用する上で注意しなければならない点としてはつぎのようなものがあります。

#### 1. 礼儀正しく

　お客様に接するのと同じように丁寧な言葉づかいを心がけましょう。マナーに気をつけ、批判的なコメントは避けましょう。

#### 2. 利用目的を明確に

　なんとなく投稿したメッセージが思わぬところで批判されることもあり

ます。目的外の情報を発信しないようにしましょう。

### 3. フォロワーに素早く対応

アカウントを管理する担当者を決め、お客様からのお問い合わせがあった場合は素早く適切に対応しましょう。SNSはリアルタイム性がウリで、お客様もそれを理解して使っていらっしゃいます。返信が遅れるとそれだけで不満に思われてしまいます。

お客様から批判的なコメントをいただいた場合も、ショップで対応するのと同じように丁寧に謝罪するようにしましょう。

### 4. 投稿内容に注意

スタッフやお客様の個人情報、ショップ＆ブランドの機密や未公開情報、売上や財務状況などショップの経営に関わる内容などは投稿しないようにしましょう。

### 【SNSの注意点】

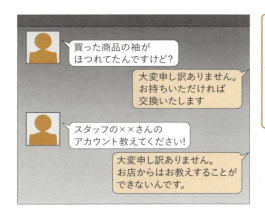

- 素早く丁寧に対応
- 投稿前に内容をチェックする
- 個人アカウントでショップの事を投稿しない

**POINT**　SNSは素早く対応する　投稿内容には注意！

ネット時代の接客

# 社会人とSNS

## 公私の区別を付ける

スタッフが閉店後のショップで悪ふざけをした画像を投稿したことで大きなトラブルに発展するケースがあります。スタッフはショップのアカウントを使う時に最大限注意するとともに、個人アカウントでショップのことを投稿したり、お客様の中傷を行わないよう注意しましょう。

## 投稿内容は複数人でチェック

一度拡散した情報は簡単には削除できません。ショップのアカウントを使用する場合、適切な情報かどうか、悪意に取られる内容が含まれていないかなどを別のスタッフも確認すると良いでしょう。

## アカウント乗っ取りに注意

IDやパスワードは最低限の人数で共有し、パスワードの拡散を防ぎましょう。ショップのアカウントを乗っ取られると、偽情報を発信されたり、お客様にスパムメッセージを発信されたりすることもあります。

## 社会人のSNSマナー

個人が複数のSNSを使い分けることもめずらしくない今日ですが、スタッフが勤務先の情報を漏えいしたり、悪ふざけの投稿をした結果、企業に大きな影響を与えるケースもあります。社会人としてのSNSとの付きあい方やマナーについて考えてみたいと思います。

### 1. 仕事中はしない

基本ですが、勤務時間内にプライベートのSNSを閲覧したり投稿することはやめましょう。仕事の邪魔になるだけでなく、ショップの情報管理

上も勤務時間内の個人のSNS利用は制限したほうが良いでしょう。

## 2. 他人のプライバシーは投稿しない

「モデルの〇〇さんが来た」など、お客様のことをプライベートのSNSに投稿することは厳禁です。刑事罰に問われる可能性もあります。

「今日は同僚のCちゃんと飲み会」といった情報、友人の顔写真などは気軽に投稿してしまいがちですが、実は当人にとって公開してほしくない情報だった場合、あとあとトラブルになるケースもあります。

インターネットへの投稿は匿名で身元が分かりにくいと思われがちです。ですが違法行為が疑われる場合、プロバイダが持っているログから身元を特定できるケースがほとんどです。普段と変わらないマナーを心がけましょう。

## 3. 秘密を投稿しない

一度投稿した情報は誰に見られるか分かりません。たとえ公開範囲を限定していても、設定のミスやかん違いから広範囲に情報が拡散してしまうこともあります。またSNS運営側が公開基準を変更したことに気が付かないまま投稿してしまうケースもあります。ショップやお客様への不満を個人のアカウントから気軽に投稿しないよう気をつけましょう。

## 4. 複数アカウントの注意点

匿名で利用しているからプライベートな情報や悪口を書いても大丈夫と思っている方もいるのではないでしょうか。ですが、複数のSNSに投稿している情報の組み合わせから本人を特定されてしまうことがありますので注意が必要です。

---

**POINT**　仕事とプライベートを切り分けよう
　　　　　秘密や他人のプライバシーは投稿しない

ネット時代の接客 ⑤

# 読みやすいブログ

## ブログの位置づけ

　ホームページやブログ、SNSとネットを通じた来店促進ツールの数が増えた現在、それぞれの特性を活かした住み分けが必要です。

　ブログは、店内の様子やスタッフの仕事ぶりなどブランドの公式サイトには掲載しづらいショップ情報を掲載できます。お客様への情報発信だけでなく、例えばブログの更新をスタッフ間で持ち回りにすることで、スタッフのやる気を高めたり、スタッフ同士のコミュニケーションを促進するといった効果も期待できます。

## 読みやすい記述を

　ブログはSNSに比べて文字数制限がなく、自由な表現が可能です。

　ただその一方で、何をどう書けばよいか悩んでしまうこともあります。書き方がわかりにくかったり、タイトルのつけ方に統一感がなかったりすると、お客様がいざ記事を探そうと思っても、調べたい情報がどこにあるか分からず困らせてしまう場合もあります。

　コーディネート例や新作アイテムなど、お客様が見たい情報がどこにあるのかすぐ探せるように、ブログに掲載する内容とそうでない内容を区別して整理しておきましょう。

　お客様がまずチェックするのは「タイトル」「カテゴリ」「記事本文にある写真」「投稿日時」です。

### 1. タイトル

　タイトルは記事の内容がストレートにわかるように付けましょう。またお客様は検索からいらっしゃることが多いため、検索されそうな単語を使うようにします。

例:「クリスマスデートの勝負服」「winter collection 入荷」「スタッフおすすめランチ」

**2. カテゴリ**

記事のカテゴリを表示し、カテゴリ別に整理する仕組みが大半のブログには備わっています。あらかじめどういった情報をブログにアップするか考え、記事のカテゴリを設定します。よく似たカテゴリはまとめ、重複しないようにします。

例:「おススメコーディネート」「新作アイテム紹介」「スタッフの日常」

**3. 記事本文**

ブログは写真の良し悪しで読まれる傾向があります。できるだけ写真を使うようにすると読まれやすくなります。写真は被写体と撮影者両方の許可を必ず取ってからアップします。

【読みやすいブログ】

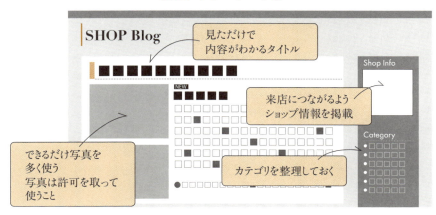

**POINT**
タイトルやカテゴリのルールを決めておく
写真は必ず許可を取る

# おわりに

**自信をなくした時に**

　皆さんはなぜ接客という仕事を選んだのでしょうか？

　接客をしていると、お客様にクレームを頂いたり、なかなか気に入っていただけなかったりすることもあります。思うように売上があがらない、顧客ができないといった「壁」にぶつかってしまうこともあります。

　自信をなくしてしまった状態では、お客様に対し過剰に卑屈になったり、お客様との会話が辛く感じたりします。そうなるとただただ怒られないことばかりを考え、マニュアル対応をしてしまいがちです。

**執事は高収入**

　欧米諸国には執事と呼ばれる職業があります。執事とは貴族や資産家の家事を預かる使用人のリーダーのような存在です。接客のエキスパートとして日本でも有名ですね。

　執事本来の仕事は酒類や食器の管理、使用人の採用や解雇ですが、ノックなしで主人の部屋に自由に入ることができ、食事の席では主人に給仕するなど主人にもっとも近い使用人です。財産管理や秘書の役割を担うこともあるそうです。

　執事になるためには専門の学校に通い、厳しい訓練を通して礼儀作法を学ぶ必要があります。またそれ以外に広く教養を身につけていることが必

要だと言われています。

　そのため執事の地位は決して低くありません。経験を積んだ執事はヨーロッパだけでなく世界中から引く手あまた、日本なら富裕層に入るような高収入の執事もめずらしくないそうです。

**改めて、接客業につく意義**
　接客とはサービスの一部であり、お客様に対する心からのもてなしだと書きました。また心を動かし虜にするような接客には、お客様の期待を上回ることが必要だと述べました。
　接客の最終目的とは、お客様に感動していただくことです。マニュアル通りにこなすことではありません。

　一度接客を極めた経験がある人材は、他の職種でも歓迎されます。同僚とも上手に付き合い、取引先の満足感を高められるからです。
　それぞれ個性をもったお客様が相手ですから、接客に決まった答えはありません。その都度「何をしたら喜んでもらえるか」「どうすれば期待を上回れるか」徹底的に自分で考え自分なりに答えを出すしかありません。

　ケースバイケースで対応しながらお客様の心を動かさなくてはならない接客業は、大変でかつ難しい仕事です。執事が世界中で評価され、高い収入を得ているのは、なにも彼らの魅力的なルックスや独特の口調によるものではありません。彼らは接客という難しい仕事を高いレベルでこなす貴重な人材だから、評価されているのです。

そんな高いレベルの接客に皆さんもぜひ挑戦してみてください。本書にまとめた内容がそのきっかけになることを祈っています。

２０１６年１月
監修　新妻ノリ子

【参考文献】

『雑談接客で売上5倍!』
茂木久美子著　明日香出版社　2013

『業界研究最新ファッション業界のトレンドがよ〜くわかる本』
為家洋子著　秀和システム　2007

『図解店員のマナー』
サンクチュアリ出版編　サンクチュアリ出版　2012

『サービス実務入門』
一般財団法人全国大学実務教育協会編
池内健治監修　鈴木浩子、高橋修、坪井明彦、手嶋慎介著　日経BP社　2013

『パーソナル・ショッピングアドバイザー(1〜3)』
日本コンサルタントグループ百貨・専門店研究所編
日本コンサルタントグループ　2011

『ファッション販売 2008年6月号臨時増刊　接客バイブル』
商業界編　商業界　2008

『ファッション販売［Ⅰ］改訂版』
日本ファッション教育振興協会編　日本ファッション教育振興協会　2006

『ファッション販売［Ⅱ］改訂版』
日本ファッション教育振興協会編　日本ファッション教育振興協会　2006

『ファッション販売員プロの常識BOOK』
「ファッション販売」編集部編　商業界　2012

『ファッション販売力検定』
ファッション販売編集部編　商業界　2009

『フードサービス接客テキスト［実践編］』
日本コンサルタントグループフードサービス&ホテル研究室編
日本コンサルタントグループ　2005

『顧客満足度が面白いほど向上する本』
金綱潤著　KADOKAWA　2012

『月刊ファッション販売 2013年11月号』
『月刊ファッション販売 2014年7月号』
『月刊ファッション販売 2014年8月号』
『月刊ファッション販売 2014年10月号』
『月刊ファッション販売 2015年1月号』
『月刊ファッション販売 2015年3月号』
『月刊ファッション販売 2015年8月号』

## 新妻 ノリ子（にいつま・のりこ）

経営コンサルタント＆接客トレーナー。
武蔵野美術短期大学デザイン科、法政大学キャリアデザイン科、法政大学院イノベーションマネジメント研究科を卒業。大手アパレルメーカーで商品企画、生産管理を担当した後、株式会社日本コンサルタントグループに入社。副部長コンサルタントとして接客販売サービス部門における人材育成を専門に数多くのコンサルティング・接客研修を手がける。
クライアントにフィットさせたオリジナルプログラムの作成と即興型のパフォーマンス力強化指導を得意とする。特に、感性に訴え共感を得る「表現力」の養成を通じて接客スタッフの総合的な販売力を向上させる「パフォーミングセールス」など、オリジナルなトレーニング方法が好評を得ている。

元 株式会社日本コンサルタント 理事
全能連認定マスターマネジメントコンサルタント（J・MCMC15089）
MBA
CDA（キャリア・ディベロプメント・アドバイザー）
DiSC 認定インストラクター


編集協力　清水 綾
装幀・イラスト　油井久美子
DTP　品田興世揮
印刷・製本　日経印刷株式会社

### ネットショッピング時代の「顧客づくり」接客

2016年2月1日　初版第一刷　発行

| | |
|---|---|
| 編　著 | 日本コンサルタントグループ |
| 監　修 | 新妻ノリ子 |
| | |
| 発行者 | 清水秀一 |
| 発行所 | 株式会社日本コンサルタントグループ |
| | 〒161-8553　東京都新宿区下落合三丁目22-15 |
| | TEL：03-3565-3729　FAX：03-3953-5788 |
| 振　替 | 00130-3-73688 |

ISBN:978-4-88916-512-8　C2034
©Nippon Consultants Group 2016

本書の無断複写・複製は、特定の場合を除き、
著作者・出版社の権利侵害になります。乱丁・落丁はお取り替えします。